地铁振动对结构裂缝的影响

武　旭　孙景来　袁　俊　张丽媛
刘　蕊　张兴昕　王新灵　苏　越　著

北　京
冶　金　工　业　出　版　社
2025

内 容 提 要

本书主要介绍了地铁振动对结构裂缝的影响，全书共分6章，包括：既有地铁隧道衬砌裂缝分布规律统计分析，隧道衬砌振动波传播特征与结构动态响应规律研究，振动载荷作用下混凝土裂缝起裂-扩展机理实验研究，裂纹起裂-扩展判据及随振动载荷的时效特征研究，地铁振动载荷下隧道衬砌裂缝风险评价研究，结论与建议。

本书可供从事地铁振动研究的科研人员和工程技术人员阅读，也可供大专院校相关专业的师生参考。

图书在版编目（CIP）数据

地铁振动对结构裂缝的影响 / 武旭等著. -- 北京 ： 冶金工业出版社，2025. 9. -- ISBN 978-7-5240-0308-3

Ⅰ. U231. 3

中国国家版本馆 CIP 数据核字第 2025XG7979 号

地铁振动对结构裂缝的影响

出版发行	冶金工业出版社	**电　　话**	(010)64027926
地　　址	北京市东城区嵩祝院北巷39号	**邮　　编**	100009
网　　址	www. mip1953. com	**电子信箱**	service@ mip1953. com

责任编辑　郭冬艳　美术编辑　吕欣童　版式设计　郑小利

责任校对　梁江凤　责任印制　禹　蕊

北京建宏印刷有限公司印刷

2025年9月第1版，2025年9月第1次印刷

710mm×1000mm　1/16；8. 5印张；164千字；128页

定价 76. 00 元

投稿电话　(010)64027932　投稿信箱　tougao@cnmip. com. cn

营销中心电话　(010)64044283

冶金工业出版社天猫旗舰店　yjgycbs. tmall. com

（本书如有印装质量问题，本社营销中心负责退换）

前 言

1863 年，世界上第一条地铁在伦敦建成通车，标志着城市地下轨道交通的诞生。随着我国经济建设的发展，城市规模不断扩大，人口倍增，地铁建设成为解决城市地面交通拥堵，满足居民出行需求的必经之路。截至 2024 年底，我国共有 58 座城市开通轨道交通线路（不含港澳台），开通轨道交通运营线路 361 条，总里程 12160.77 km。其中，地铁运营线路 9306.09 km，其他制式城轨交通运营线路 2854.68 km。

北京地铁发展至今，多条地铁线路均已出现了不同程度的结构病害，主要以结构裂缝、渗漏水为主，其中以裂缝病害最为突出。同时，地铁列车在运行过程中引发的振动也已成为结构危害和环境公害。长期地铁振动会引发裂缝不断扩展，削弱结构承载能力。如混凝土结构裂缝扩展，钢筋逐渐锈蚀，降低结构整体性，增加结构变形风险。目前，长期运营的地铁线路，因振动影响，部分区段结构出现裂缝扩展，虽未发生事故，但维修加固工作量大、成本高。

地铁运行振动会引发隧道衬砌裂缝开裂并导致次生病害的问题已经引起地铁运营公司及各大科研机构研究人员的高度重视。为了实现对地铁列车运行振动引发衬砌裂缝开裂及整体结构损伤破坏的科学、有效控制与结构安全性评价，亟须对“振动载荷下衬砌裂缝破裂机理”这一科学问题进行研究，并建立衬砌裂缝安全分级评价方法。本书内容涉及的研究得到了北京市自然科学基金青年项目（8214049）资助，本书是在研究项目的基础上编撰而成的。

研究项目围绕地铁振动载荷下隧道衬砌裂缝破裂问题，以北京地铁 9 号线结构病害检测项目为依托，首先利用 iSensor 一体化无线振动测试仪对隧道衬砌结构振动信号进行实时采集，获取衬砌结构质点振动速度与频率值。基于振动监测数据及裂缝产状信息，预制含裂缝的混凝土试件，并借助霍普金森压杆实验系统和高速摄像系统开展含裂缝混凝土的动态压缩实验。通过数值模拟方法探明振动载荷作用下衬砌裂缝破裂机理，揭示振动载荷作用下混凝土裂缝起裂–扩展的时空演化规律，并对北京地铁9号线试验段内裂缝风险进行评价及提出相应监测、防护建议。

通过现场监测等手段，掌握了地铁引发的振动波在隧道结构内的传播规律，主要以幂函数的形式随振源距增加而降低；利用力学实验方法揭示了冲击载荷作用下结构裂缝起裂–扩展的时刻演化规律，试件在冲击荷载作用下的破坏形式与预制裂隙长度密切相关，预制裂隙越长，冲击载荷作用下形成新裂纹的数量相对少且集中，更容易沿端部发生起裂破坏；当预制裂隙倾角为45°~60°时，试件更容易发生起裂破坏，既有裂缝长度和宽度在不同倾角时影响程度不同。开展理论分析及数值模拟计算验证了最大畸变能准则描述冲击载荷作用下的裂隙破裂特征的可行性和准确性，并以此对试验区域内的裂缝进行了危险性评价。地铁振动载荷下隧道衬砌裂缝起裂–扩展机理与结构安全性评价研究进一步完善了城市轨道交通安全运营防控体系的关键，对保证公共安全，促进地区经济与社会的和谐发展具有重要意义。

本书由北京市市政工程研究院武旭、孙景来负责统稿，参加编写的人员有武旭、孙景来（第1章），袁俊、王新灵（第2章），武旭、张丽媛（第3章），武旭、苏越（第4章），刘蕊、张兴昕（第5章），武旭（第6章）。在编写过程中，参阅了相关文献，在此向文献作者表示感谢。

由于作者水平所限，书中不足之处，敬请广大读者批评指正。

作　者

2025年4月

目　　录

1　既有地铁隧道衬砌裂缝分布规律统计分析 …… 1
1.1　衬砌裂缝检测方法 …… 1
1.2　裂缝检测结果 …… 5
1.2.1　工程概况 …… 5
1.2.2　裂缝信息 …… 5
2　隧道衬砌振动波传播特征与结构动态响应规律研究 …… 17
2.1　振动波采集 …… 17
2.1.1　监测设备 …… 17
2.1.2　分析系统 …… 19
2.2　现场振动监测 …… 19
2.2.1　现场概况 …… 19
2.2.2　数据统计 …… 21
2.3　振动衰减规律分析 …… 41
3　振动载荷作用下混凝土裂缝起裂-扩展机理实验研究 …… 45
3.1　实验设计 …… 45
3.1.1　实验试样 …… 45
3.1.2　实验系统 …… 48
3.2　实验结果与分析 …… 54
3.2.1　动态应力平衡验证 …… 54
3.2.2　不同倾角裂隙试件的波动特性 …… 54
3.2.3　动态应力-应变关系 …… 59
3.3　破坏过程及破坏形式分析 …… 62
3.3.1　不同倾角裂隙试件的起裂破坏特征 …… 62
3.3.2　不同倾角裂隙试件的最终破坏特征 …… 78

4　裂纹起裂-扩展判据及随振动载荷的时效特征研究 ………………………… 84

4.1　最大畸变能理论 ……………………………………………………………… 84
4.2　裂纹端部的应力与位移 ……………………………………………………… 85
4.3　基于最大畸变能理论的起裂判据 …………………………………………… 86
4.4　裂隙起裂判据理论计算结果 ………………………………………………… 88
4.4.1　冲击荷载作用下的纯Ⅰ型裂纹 ……………………………………… 88
4.4.2　冲击荷载作用下的纯Ⅱ型裂纹 ……………………………………… 89
4.4.3　冲击载荷作用下复合型裂纹 ………………………………………… 89
4.5　裂隙起裂判据的数值模拟结果 ……………………………………………… 91
4.5.1　FDEM 模拟方法 ……………………………………………………… 92
4.5.2　数值模型 ……………………………………………………………… 92
4.5.3　模拟结果 ……………………………………………………………… 94

5　地铁振动载荷下隧道衬砌裂缝风险评价研究 ……………………………… 111

5.1　结构既有裂缝分类 …………………………………………………………… 111
5.1.1　工程概况 ……………………………………………………………… 111
5.1.2　裂缝信息 ……………………………………………………………… 111
5.2　风险等级划分 ………………………………………………………………… 119

6　结论与建议 …………………………………………………………………… 123

6.1　结论 …………………………………………………………………………… 123
6.2　建议 …………………………………………………………………………… 124

参考文献 ……………………………………………………………………… 125

1　既有地铁隧道衬砌裂缝分布规律统计分析

随着我国经济建设的发展，城市规模不断扩大，人口倍增，地铁建设成为解决城市地面交通拥堵，满足居民出行需求的必经之路。截至 2024 年底，我国共有 58 座城市开通轨道交通线路（不含港澳台），总里程超过 12160. 77 公里。北京地铁发展至今，包括地铁 1 号线、2 号线和 5 号线在内的多条线路运行已超过 10 年。检测结果表明，上述线路均已出现不同程度的病害，主要以衬砌裂缝、渗漏水、道床脱空为主，其中裂缝病害出现的频率近 90%。衬砌裂缝已经成为地铁隧道的最主要病害之一，而且裂缝的存在及发展是导致隧道渗漏水、道床脱空的重要因素。与此同时，地铁列车运行引发的振动也已成为隧道结构危害和环境公害之一。北京地铁列车密集运行而诱发的高频次周期性振动载荷是导致衬砌既有裂缝起裂-扩展的主要因素，地铁振动对隧道衬砌完整性和稳定性产生了显著影响。地铁振动引发的隧道衬砌裂缝动态开裂并导致的次生病害已经成为城市轨道交通实现以安全高效运行为目标的可持续发展道路上的主要障碍之一。因此，为了实现对地铁列车运行振动引发衬砌裂缝开裂及整体结构动态破坏的科学、有效控制与安全性评价，首先需要对地铁隧道裂缝产状信息进行调研、统计和分析，为含裂缝衬砌力学特性实验研究与数值模拟计算提供基础数据。

研究项目采用激光测距仪、裂缝测宽仪和裂缝测深仪获取实验区段隧道衬砌既有裂缝的长度、宽度、深度等参数，为后续力学实验及数值模拟计算提供基础数据支撑。

1.1　衬砌裂缝检测方法

对检测范围内结构和道床表面的裂缝进行测量。混凝土裂缝检测应包括裂缝的位置、长度、宽度、深度、形态和数量的检测。

每条裂缝应分别标记裂缝位置、宽度、深度、长度，并拍照存档。

裂缝位置应以百米标或既有建筑物为基准，以米（m）为单位进行标注；混凝土裂缝宽度，可采用裂缝宽度仪或塞尺进行检测；裂缝深度，可采用裂缝深度仪进行检测，必要时可钻取芯样验证；裂缝长度，可采用直尺或钢卷尺进行检测。

裂缝照片应至少包括裂缝全景、局部特征、现场所标记内容等。

检测结果应包括：裂缝展开平面示意图（见图 1-1），图中标记裂缝长度、宽度、深度、位置等。

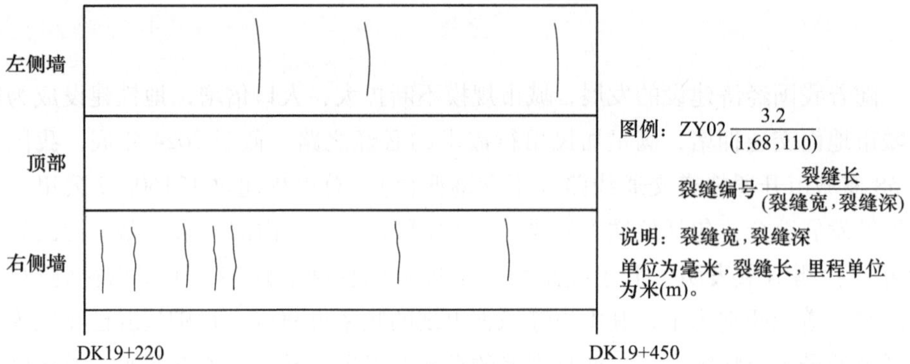

图 1-1　裂缝展开图

裂缝属性统计表（裂缝长度、宽度、深度、位置等），并附所有裂缝照片（见图 1-2）。

图 1-2　结构裂缝图

裂缝深度检测按下列方法执行：

(1) 结构的裂缝部位只有一个可测表面，估计裂缝深度又不大于 500 mm，采用平测法检测。裂缝内不得有水、泥浆或杂物。

1）检测要求。布置测点时应使发射和接收换能器的连线避免与附近钢筋轴线平行，最好能保持45°左右的夹角。平测中测距以换能器内边缘为准。

2）检测方法。不跨缝声时测量，将发射和接收换能器置于裂缝附近同一侧，以两个换能器内边缘间距等于100 mm、150 mm、200 mm、250 mm、…，分别读取声时 t_i，绘制“时-距”坐标图或用回归分析的方法求出声时与测距之间的回归直线方程：$l' = a + bt_i$。

跨缝声时测量。将发射和接收换能器分别置于以裂缝为对称的两侧，两换能器中心连线垂直于裂缝走向，以 l' 等于100 mm、150 mm、200 mm、…，分别读取声时 t_i^0，同时观察首波相位的变化。

单面平测法示意图如图1-3所示，裂缝深度按下式计算：

$$h_{ci} = \frac{l'}{2}\sqrt{\frac{t_i^0 \cdot v}{l'} - 1} \tag{1-1}$$

$$m_{hc} = \frac{1}{n} \cdot \sum_{i=1}^{n} h_{ci} \tag{1-2}$$

式中 l' ——跨缝平测时第 i 点的超声波实际传播距离，mm；

h_{ci} ——第 i 点计算的裂缝深度值，mm；

t_i^0 ——第 i 点跨缝平测的声时值，μs；

m_{hc} ——各测点计算裂缝深度的平均值，mm；

n ——测点数。

3）裂缝深度的确定方法。

①跨缝测量中，当在某测距发现首波反相时，可用该测距及两个相邻测距的测量值按上式计算 h_{ci}，取此三点 h_{ci} 的平均值作为该裂缝的深度值。

②跨缝测量中如难于发现首波反相，则以不同测距计算 h_{ci} 及其平均值 m_{hc}。将各测距 l'_i 与 m_{hc} 相比较，凡测距 l'_i 小于 m_{hc} 和大于 $3m_{hc}$，应剔除该组数据，然后取余下 h_{ci} 的平均值，作为该裂缝的深度值 h_c。

（2）当结构的裂缝部位具有两个相互平行的测试表面时，可采用双面斜测法检测。裂缝内不得有水、泥浆或杂物。

1）测线布置见图1-4。

2）检测方法。将换能器分别置于两测试表面对应测点1、2、3、…的位置，读取相应的声时值、波幅值和主频率。

3）裂缝深度判定。根据波幅、声时和主频的突变，可以判定换能器的连线是否通过裂缝，用几何方法可以计算裂缝深度，以及间断裂缝是否在所处断面内贯通（如图1-5所示）。

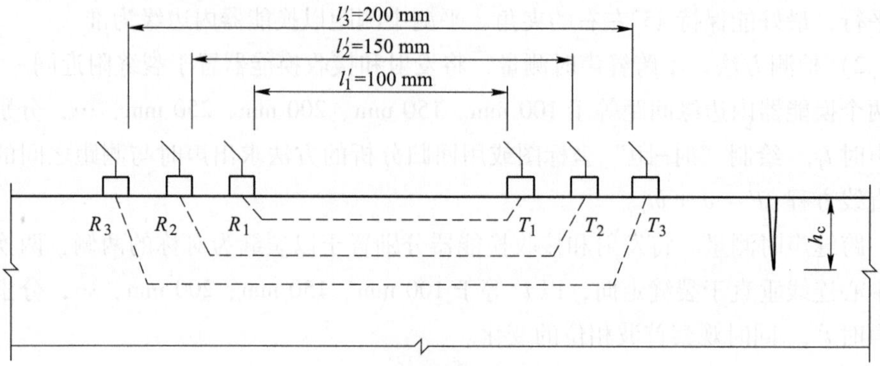

(a)

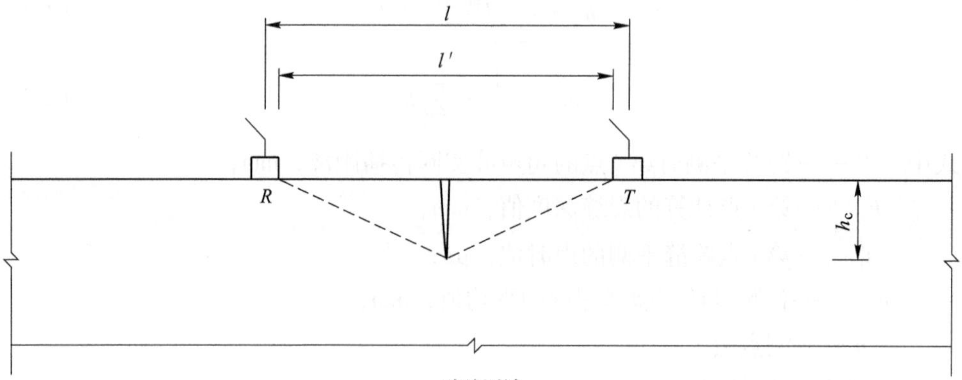

(b)

图 1-3 裂缝测试示意图

（a）不跨缝测试方法；（b）跨缝测试方法

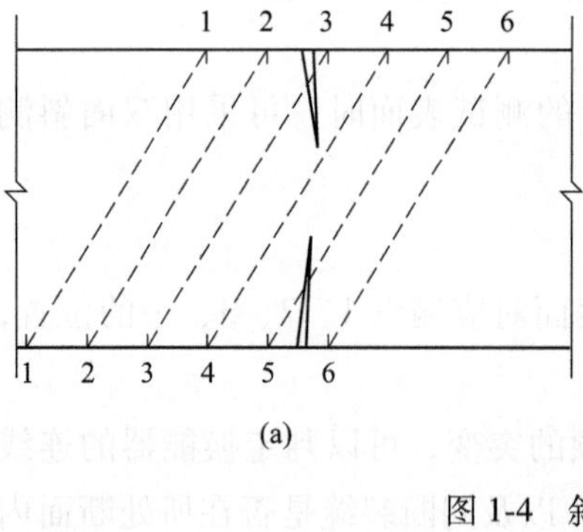

(a)

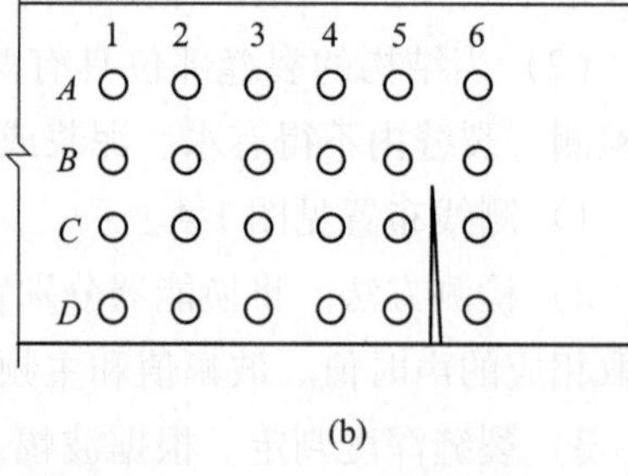

(b)

图 1-4 斜测裂缝测点布置示意图

（a）平面图；（b）立面图

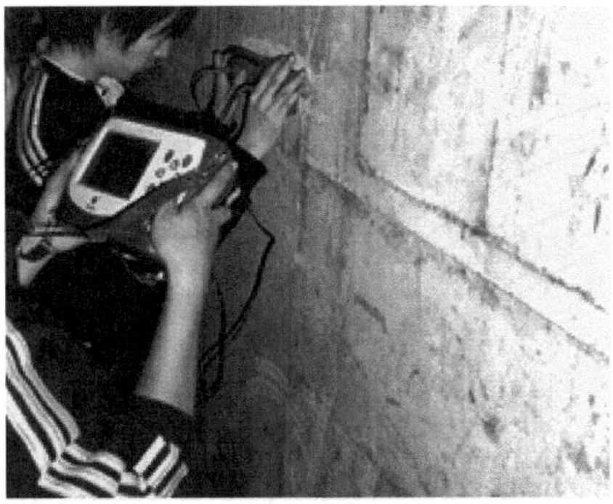

(a)

(b)

图 1-5　现场裂缝检测

（a）现场裂缝检测操作；（b）裂缝标记

1.2　裂缝检测结果

1.2.1　工程概况

本项目裂缝检测及调研区域为地铁 9 号线丰台南路站~丰台东大街站（K4+410~K4+975）、丰台东大街站（K4+975~K5+120），共双线 710 m（如图 1-6 所示）。区间的线路走向基本为南北走向，区间线路线型为直线+曲线，区间工法为矿山，采用标准马蹄形断面，断面尺寸为 6.2 m×6.5 m，初衬厚度 0.25 m，二衬厚度 0.30 m。区间线间距为 14~23 m，埋深为 9~13 m。左线曲线半径为 1500 m，右线曲线半径为 1000 m，区间线路纵坡为 20.17‰及 4‰（如图 1-7 所示）。

1.2.2　裂缝信息

以万寿路南延道路工程穿越地铁 9 号线结构病害检测项目为依托，采用激光测距仪、裂缝测宽仪和裂缝测深仪获取实验区段隧道衬砌既有裂缝的长度、宽度、深度等参数及其区域分布特征。实验区段长度 710 m，共采集结构裂缝 436 条，其中上行线 245 条裂缝，下行线 191 条裂缝，其中贯穿至结构顶部或全断面环向裂缝 69 条，其余均为局部横向裂缝，无纵向裂缝。

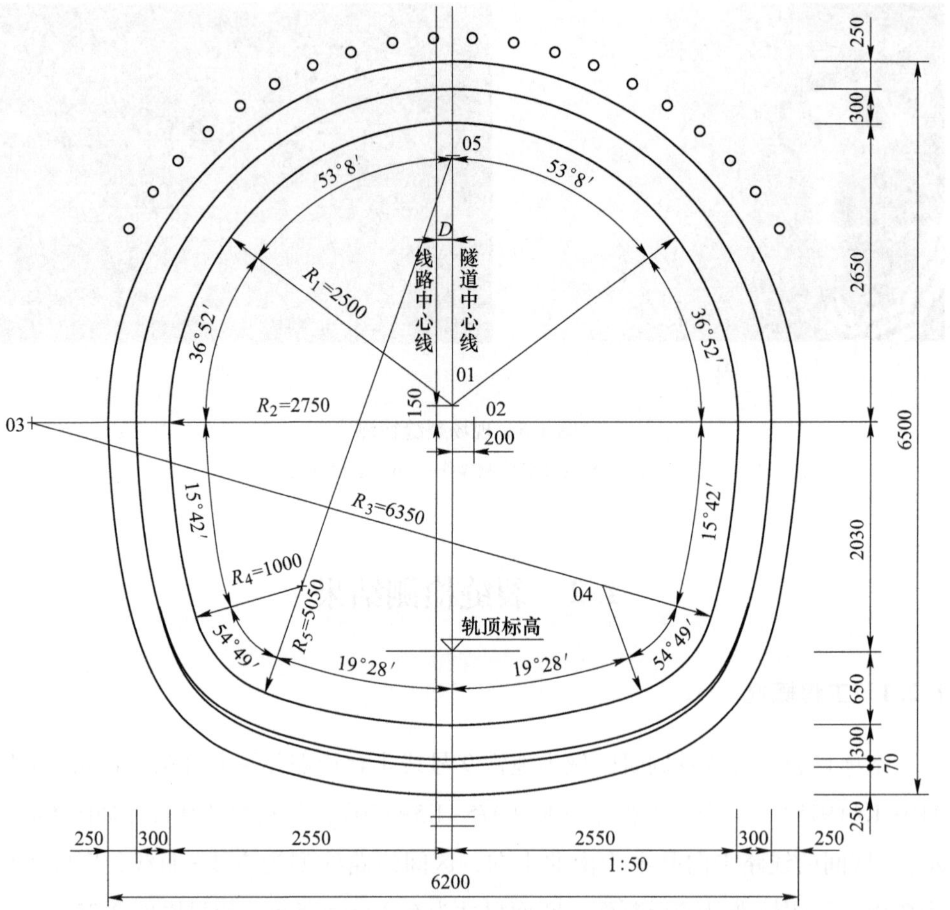

图 1-6　地铁 9 号线区间横断面图（单位：mm）

上行线外轨侧墙共发现 126 条裂缝，宽度在 0. 13~0. 65 mm 之间，长度在 0. 6 m~贯通之间，深度在 21~131 mm 之间；上行线内轨侧墙发现 119 条裂缝，宽度在 0. 21~0. 77 mm，长度在 0. 3 m~贯通之间，深度在 17~127 mm 之间。

下行线外轨侧墙共发现 133 条裂缝，宽度在 0. 2~0. 61 mm 之间，长度在 2 m~贯通之间，深度在 60~118 mm 之间；下行线内轨侧墙发现 58 条裂缝，宽度在 0. 2~0. 7 mm，长度在 2. 0 m~贯通之间，深度在 42~110 mm 之间。

以 K4+410~K5+120 下行内轨侧为例，裂缝具体信息如表 1-1 所示。

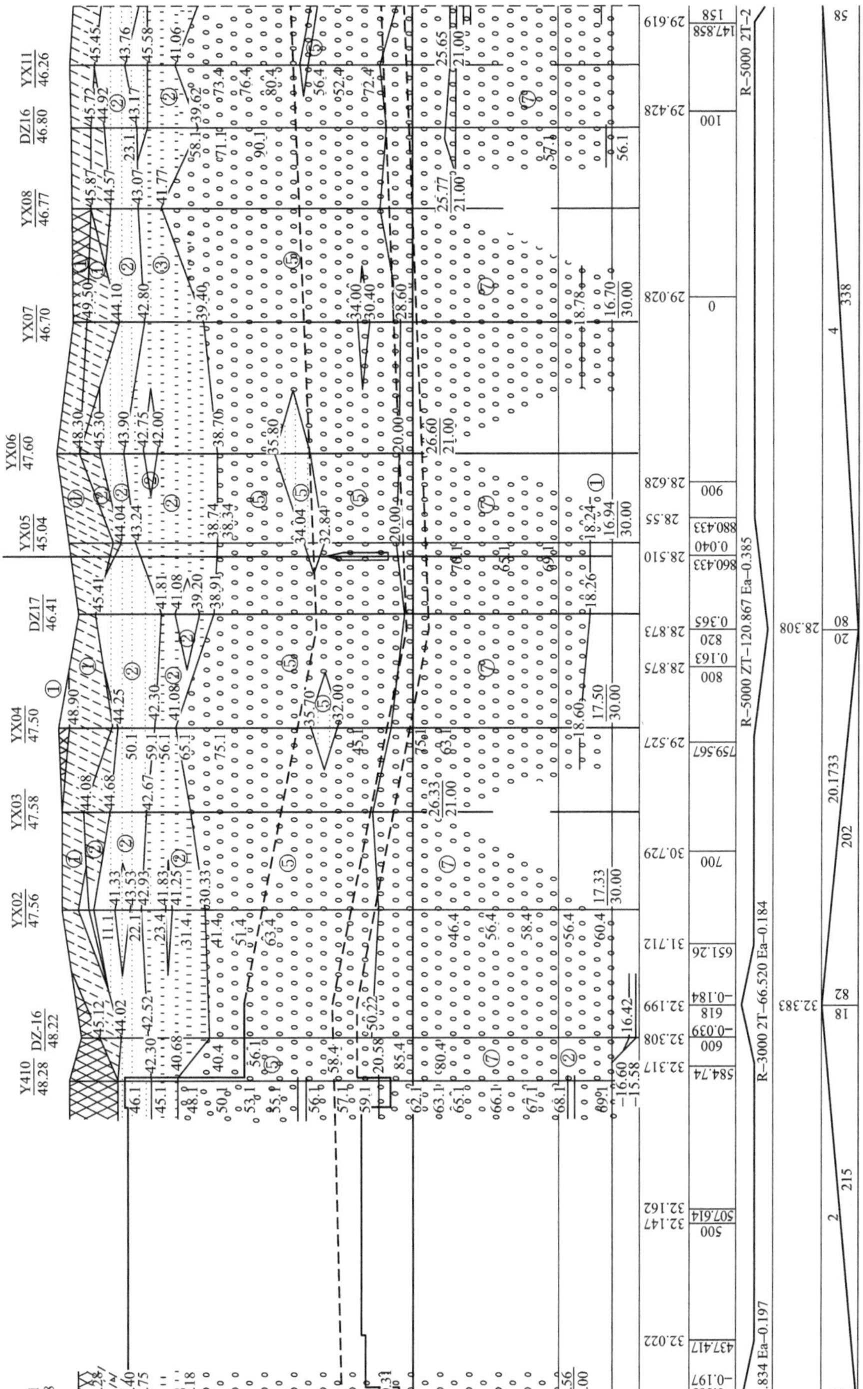

图 1-7 区间纵断面图（单位：m）

表 1-1 裂缝产状信息

裂缝编号	裂缝位置	具体描述		
		长度/m	宽度/mm	深度/mm
XN01	K4+959	4	0.31	72
XN02	K4+958	4	0.3	78
XN03	K4+939	8	0.4	100
XN04	K4+936	5.3	0.25	75
XN05	K4+928	3	0.4	98
XN06	K4+925	3.3	0.31	84
XN07	K4+920	3	0.5	100
XN08	K4+919	3	0.32	67
XN09	K4+914	6.3	0.27	85
XN10	K4+912	3	0.4	98
XN11	K4+901	贯通	0.35	71
XN12	K4+894	贯通	0.4	95
XN13	K4+887	7	0.42	87
XN14	K4+872	贯通	0.21	65
XN15	K4+866	贯通	0.6	110
XN16	K4+862	4	0.3	78
XN17	K4+849	3	0.3	70
XN18	K4+842	3	0.3	60
XN19	K4+840	4	0.3	72
XN20	K4+834	贯通	0.7	100
XN21	K4+833	3	0.25	65
XN22	K4+829	贯通	0.32	73
XN23	K4+824	4	0.25	62
XN24	K4+822	3	0.22	70
XN25	K4+807	12.5	0.25	83
XN26	K4+802	3	0.3	78
XN27	K4+795	10	0.2	66
XN28	K4+794	4	0.28	90
XN29	K4+787	8	0.28	79
XN30	K4+786	8.7	0.33	75

续表 1-1

裂缝编号	裂缝位置	具体描述		
		长度/m	宽度/mm	深度/mm
XN31	K4+773	9	0.27	71
XN32	K4+766	9	0.63	71
XN33	K4+764	4	0.32	78
XN34	K4+731	6	0.35	80
XN35	K4+727	贯通	0.31	85
XN36	K4+711	贯通	0.28	72
XN37	K4+707.5	贯通	0.22	84
XN38	K4+657	4	0.28	70
XN39	K4+652	贯通	0.35	90
XN40	K4+640	贯通	0.28	70
XN41	K4+648	贯通	0.35	78
XN42	K4+623	5	0.27	78
XN43	K4+609	5	0.29	87
XN45	K4+600	贯通	0.35	78
XN46	K4+594	贯通	0.23	76
XN47	K4+580	4	0.37	70
XN48	K4+544.5	10	0.23	62
XN49	K4+537	4	0.37	72
XN50	K4+531	贯通	0.45	76
XN51	K4+488	3	0.41	72
XN52	K4+477	2	0.36	52
XN53	K4+473	4	0.4	102
XN54	K4+467	2	0.28	78
XN55	K4+465	9	0.4	55
XN56	K4+460	贯通	0.37	42
XN57	K4+429	3	0.3	47
XN58	K4+422	贯通	0.44	57
XN59	K4+418	3	0.35	55

实验区段长度 710 m，共采集结构裂缝 436 条，其中上行线 245 条裂缝，下

行线 191 条裂缝，其中贯穿至结构顶部或全断面环向裂缝 69 条，其余均为局部横向裂缝，无纵向裂缝，其中横向裂缝与隧道轴向夹角均小于 10°。如图 1-8 裂缝信息现场采集图，大部分既有裂缝均由一条主裂缝构成，少量存在支裂缝。裂缝走向并不规整，与结构内部钢筋及混凝土骨料有一定关系，但整体仍呈现同一方向上的破裂。实验区段内的裂缝整体分布位置如图 1-9 所示。

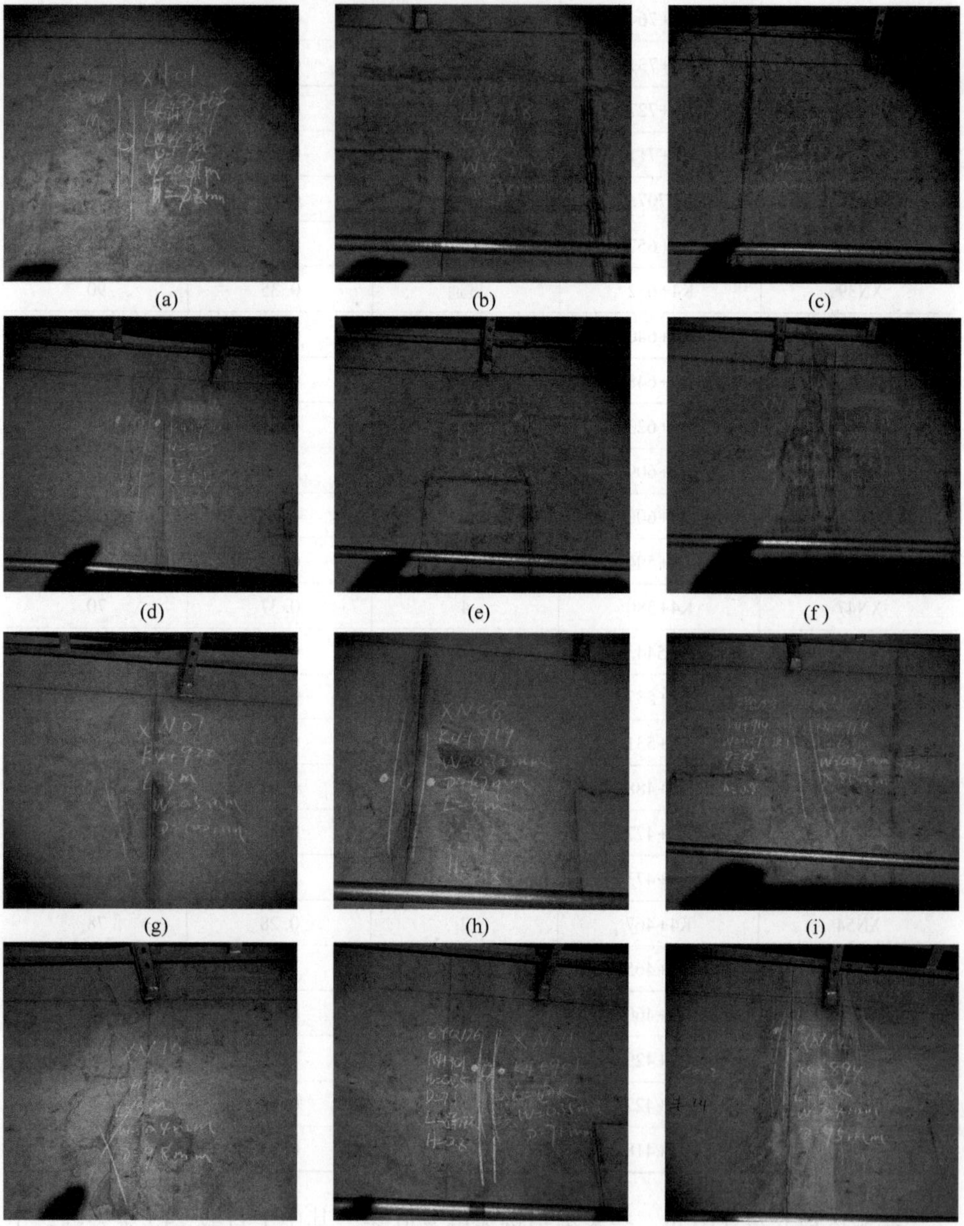

(a)　(b)　(c)　(d)　(e)　(f)　(g)　(h)　(i)　(j)　(k)　(l)

(m)

(n)

(o)

(p)

(q)

(r)

(s)

(t)

(u)

(v)

(w)

(x)

(y)

(z)

(aa)

(ab)

(ac)

(ad)

(ae)

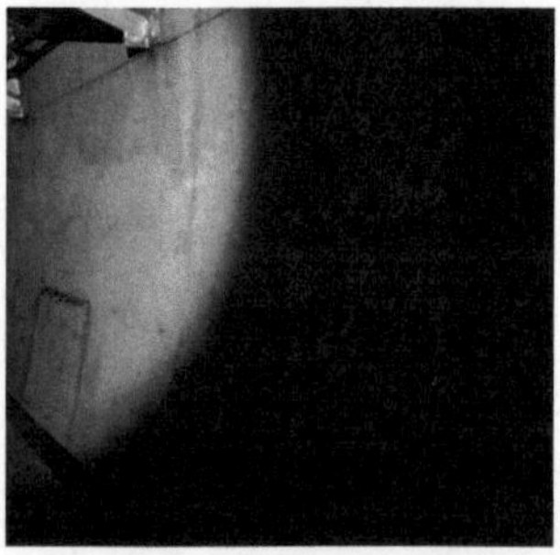
(af)

(ag)

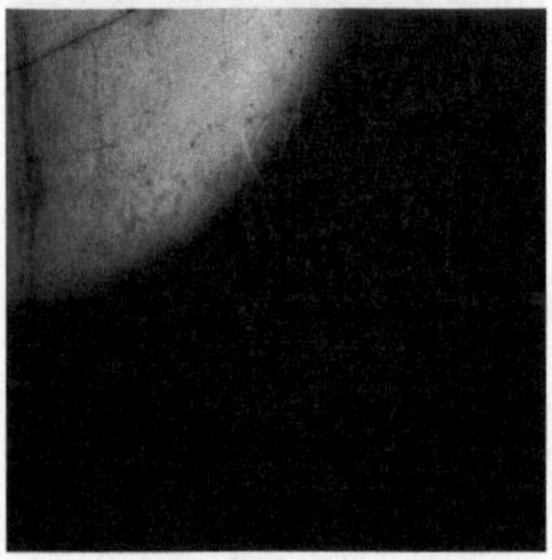
(ah)

(ai)

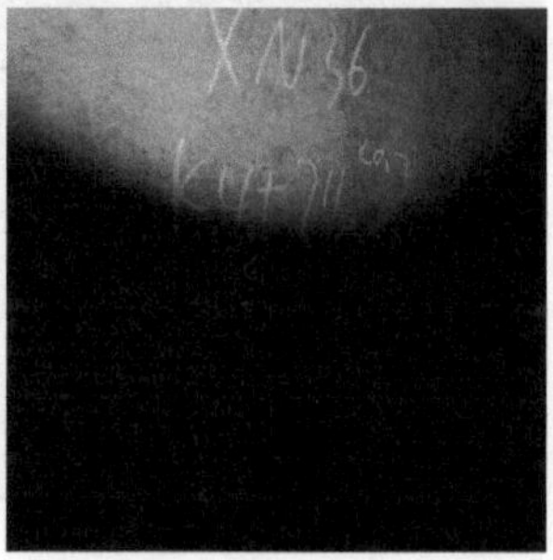
(aj)

(ak)

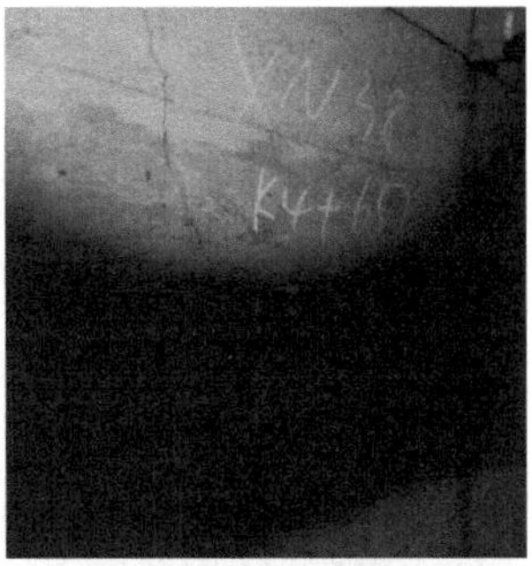
(al)

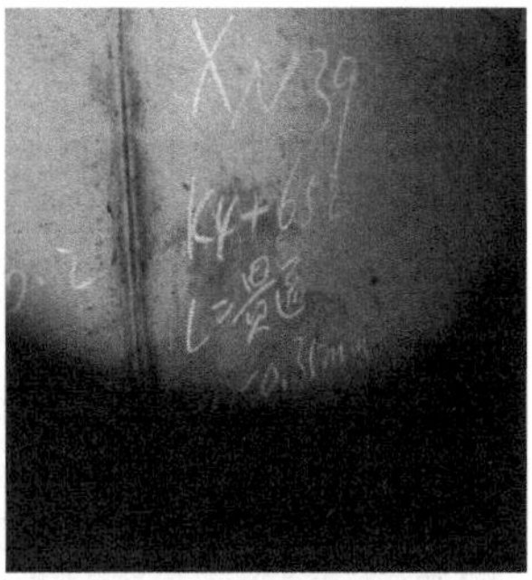
(am)

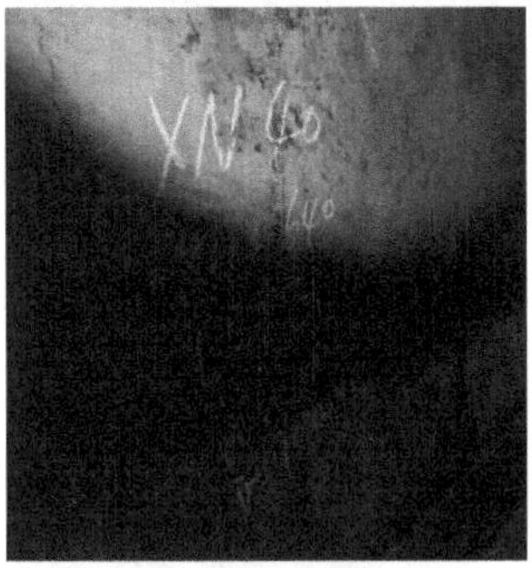
(an)

(ao)

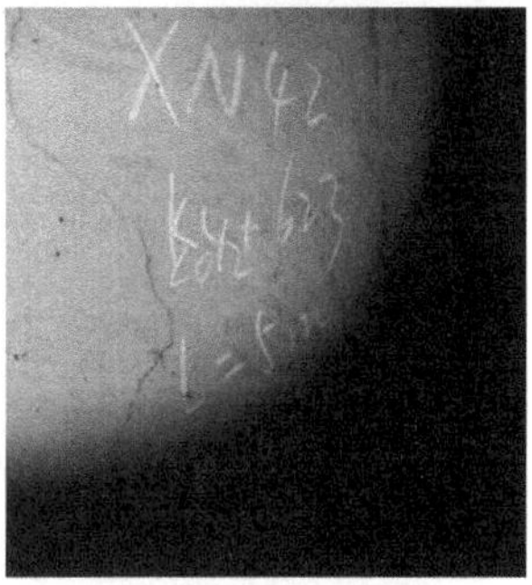
(ap)

(aq)

(ar)

(as)

(at)

(au)

(av)

(aw)

(ax)

(ay)

(az)

(ba)

(bb)

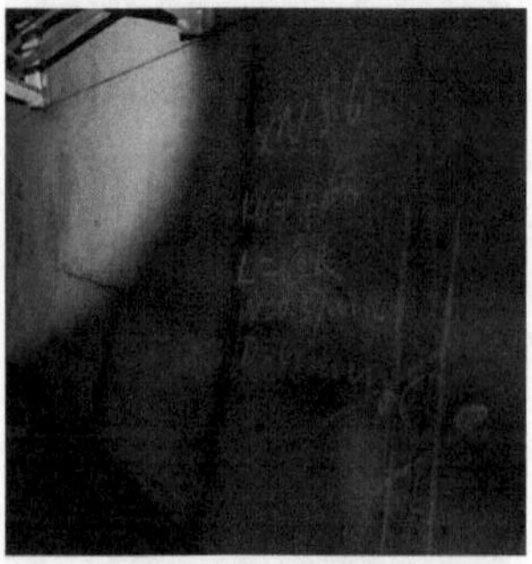

(bc)

(bd)

(be)

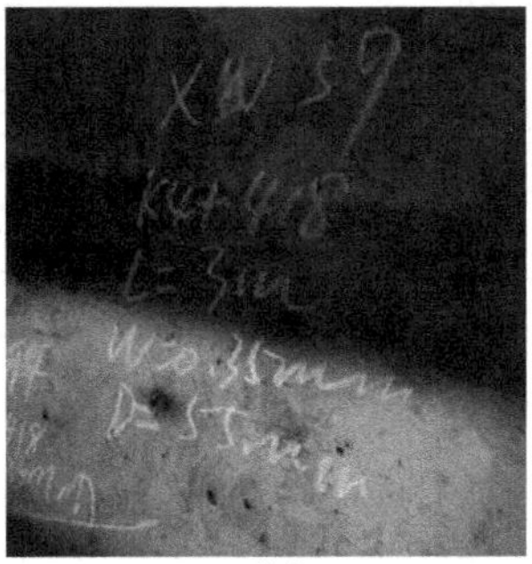

(bf)

图 1-8 裂缝信息现场采集图

(a) XN01；(b) XN02；(c) XN03；(d) XN04；(e) XN05；(f) XN06；(g) XN07；(h) XN08；(i) XN09；(j) XN10；(k) XN11；(l) XN12；(m) XN13；(n) XN14；(o) XN15；(p) XN16；(q) XN17；(r) XN18；(s) XN19；(t) XN20；(u) XN21；(v) XN22；(w) XN23；(x) XN24；(y) XN25；(z) XN26；(aa) XN27；(ab) XN28；(ac) XN29；(ad) XN30；(ae) XN31；(af) XN32；(ag) XN33；(ah) XN34；(ai) XN35；(aj) XN36；(ak) XN37；(al) XN38；(am) XN39；(an) XN40；(ao) XN41；(ap) XN42；(aq) XN43；(ar) XN45；(as) XN46；(at) XN47；(au) XN48；(av) XN49；(aw) XN50；(ax) XN51；(ay) XN52；(az) XN53；(ba) XN54；(bb) XN55；(bc) XN56；(bd) XN57；(be) XN58；(bf) XN59

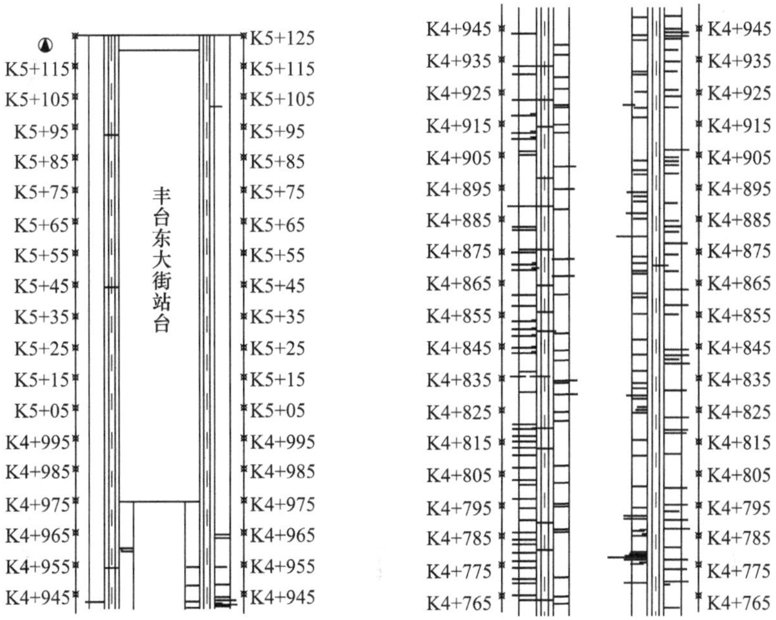

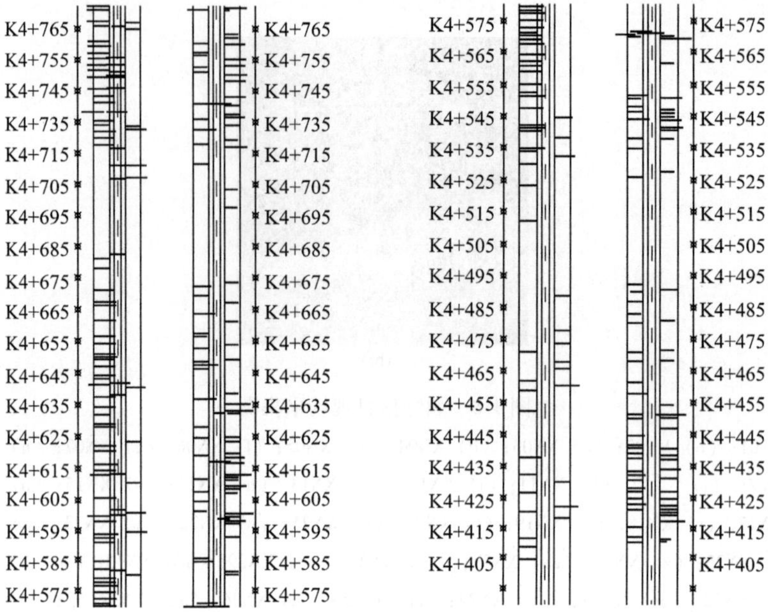

图 1-9　裂缝分布图

由于实验区段为暗挖结构，裂缝密度较大，达到每延米 0. 6 条。其中裂缝长度作为影响裂缝损伤的重要因素，此区段内裂缝长度大部分超过 2 m，存在大量的贯通环向裂缝，对结构稳定性有一定的安全隐患，拟将通过室内力学实验及数值模拟的方式探讨和探究裂缝长度、宽度与走向对振动的响应特征，揭示振动作用下裂缝破裂机理，进而总结裂缝控制技术及方法。

2 隧道衬砌振动波传播特征与结构动态响应规律研究

2.1 振动波采集

2.1.1 监测设备

现场振动监测工作，采用的监测仪器是四川拓普测控科技有限公司研制的 iSensor 三轴振动智能传感器，是振动测试业界第一款无线智能传感器，集三轴振动传感器和数字化测量、存储、无线传输于一体。传感器如图 2-1 所示。

图 2-1 iSensor 三轴振动智能传感器

iSensor 是一系列基于最先进的微机电系统、微电子测量技术、无线通信技术、嵌入式技术的智能测量终端，业界体积最小的第一款无线振动智能传感器，它能独立完成三向振动速度、加速度测量，可靠性、稳定性强，持久续航，能够最大程度地简化测试现场工作流程，其技术指标如下：

（1）加速度、速度的 3 轴测量，同步测量；

（2）加速度量程：0.0003g~40g；

（3）速度量程：0.01~40 cm/s；

（4）精度：国家 A 级标准；

（5）分辨率：16 bit；

（6）采样率：100 Hz～4 kHz；

（7）外观尺寸：约 ϕ50 mm、高 70 mm；

（8）最高带宽：1 kHz；

（9）多段连续记录；

（10）数据存储空间：16 GB，支持海量持续记录；

（11）测量控制：手动按钮、远程控制、定时启动；

（12）触发方式：软件远程触发、内触发、GPS 定时触发；

（13）续航时间：10 h；

（14）防水防尘等级：IP67；

（15）通信模式：WiFi 通信，实现现场组网控制与数据传输；

（16）该设备配备对应的安装支架，可适应不同地形环境的安装；

（17）工作温度：−20～60 ℃。

测试系统应用图如图 2-2 所示。

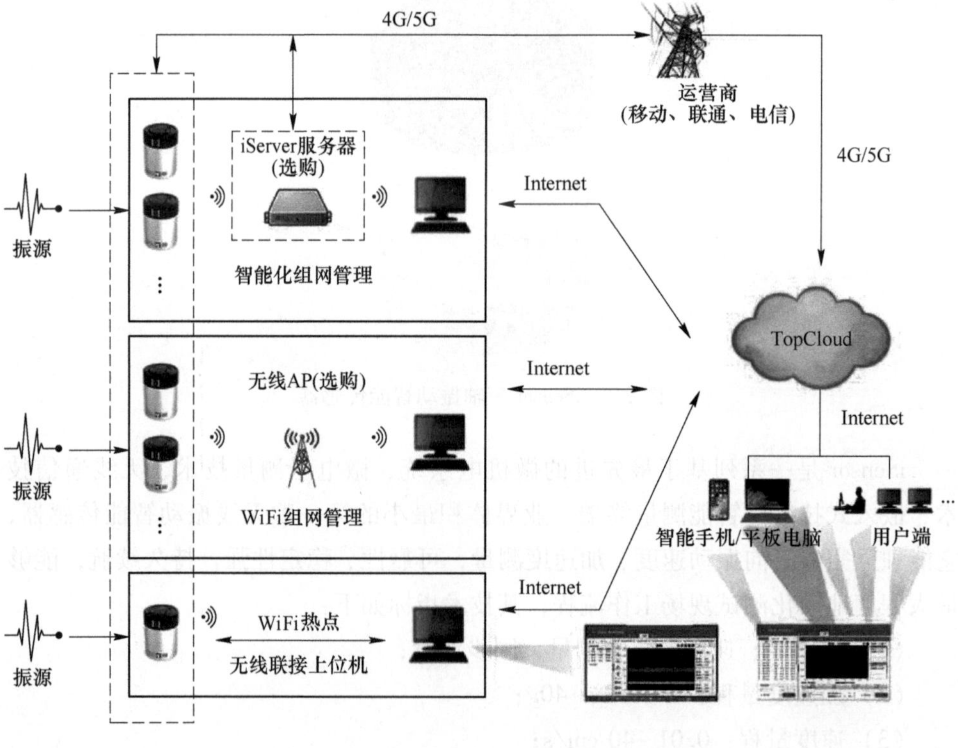

图 2-2　测试系统应用图

2.1.2 分析系统

iSensor 配套专用的上位机软件—imsServer，运行于 Win7、Win10 等操作系统，实现上位机与 iSensor 的无线通信，完成对 iSensor 的参数设置、采集控制、虚拟示波、在线监测等，同时实现数据传输、下载、数据回放、报告输出以及专业的爆破特征分析、爆破预测等功能。

其中包括在线监测—Monitor 模块，可完成设备的参数设置、采集控制等；实现多台设备在线监测，实时刷新设备状态和特征数据，如图 2-3 所示。

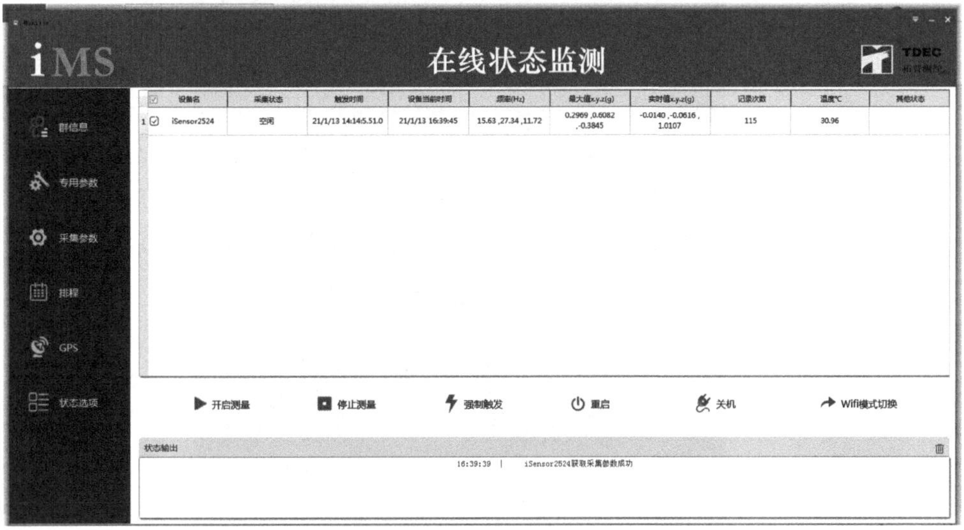

图 2-3 在线监测—Monitor 模块

专用分析—Blast Analysis 模块，具有多台设备的数据下载、数据回放，以及专业的振动特征分析，输出报告等功能，如图 2-4 所示。

2.2 现场振动监测

2.2.1 现场概况

以万寿路南延道路工程穿越地铁 9 号线结构病害检测项目为依托，对区域内直线段 K4+800 断面进行振动监测，断面内共布设测点 4 个，测点一布设在道床一侧，距离轨道振源约 1 m。测点二距离侧墙底约 1 m，测点三距离侧墙底约 2 m，测点四距离侧墙底约 5 m。测点布设位置示意图如图 2-5 所示。

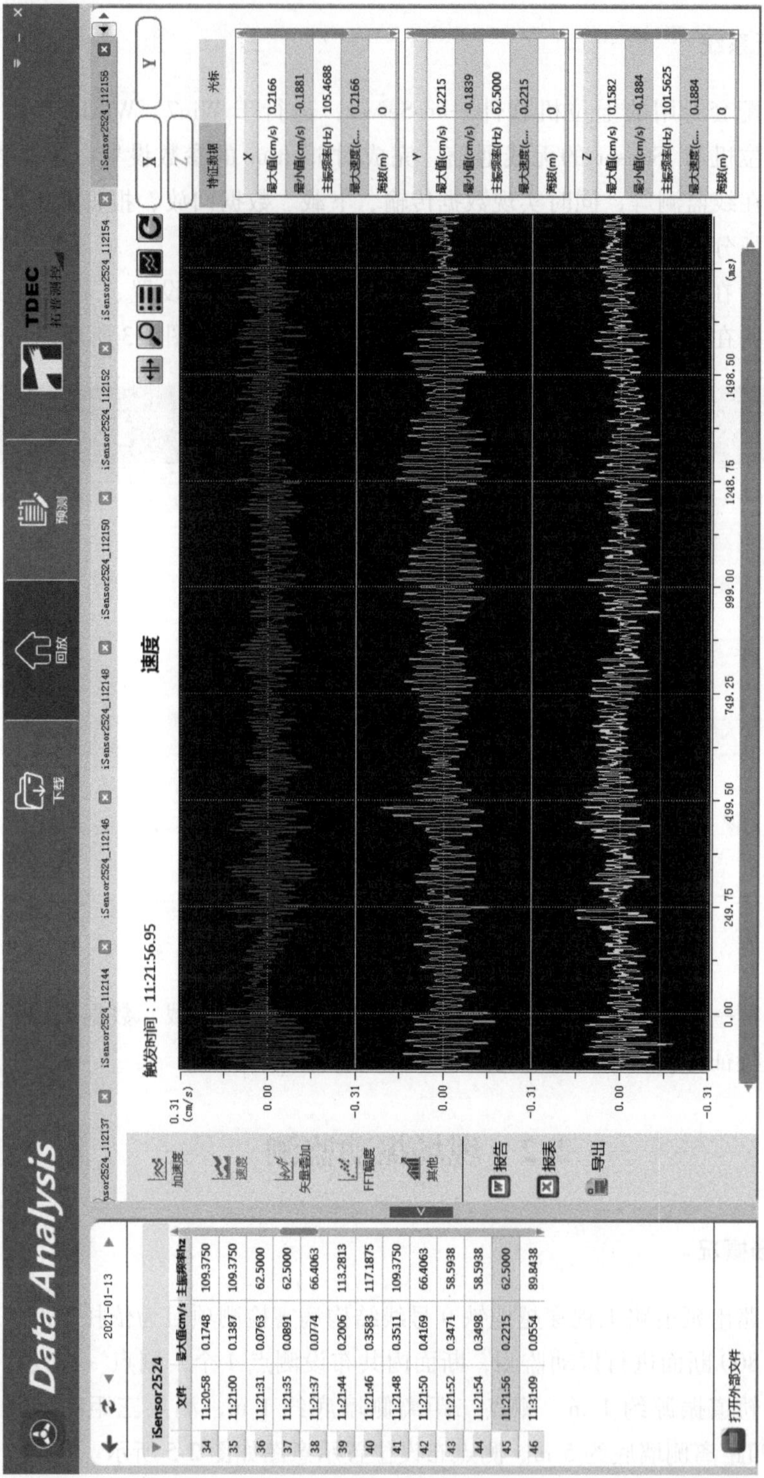

图 2-4　专用分析—Blast Analysis 模块

图 2-5 监测现场

2.2.2 数据统计

2.2.2.1 测点一振动数据

在道床一侧选取一次振动数据进行分析，数据如表 2-1 所示，列车通过振动波持续时间约 20 s，振动引发的沿轨道方向水平峰值振速 0.368 cm/s，振动主频为 109.4 Hz；垂直轨道方向水平峰值振速为 0.469 cm/s，主频为 66.4 Hz；竖直方向峰值振速为 0.344 cm/s，主频为 234.4 Hz。道床位置测点振动速度的波形如图 2-6 所示。

表 2-1 道床位置振动观测数据

测点	振源距/m	沿轨道方向水平峰值振速/(cm · s^{-1})	主振频率/Hz	垂直轨道方向水平峰值振速/(cm · s^{-1})	主振频率/Hz	竖直方向峰值振速/(cm · s^{-1})	主振频率/Hz
1号	1	0.116	117.2	0.084	85.9	0.108	85.9
		0.174	101.6	0.123	101.6	0.108	101.6
		0.213	109.4	0.220	50.8	0.170	66.4
		0.241	89.9	0.258	54.7	0.170	89.8

续表 2-1

测点	振源距 /m	沿轨道方向水平峰值振速 /(cm · s^{-1})	主振频率 /Hz	垂直轨道方向水平峰值振速 /(cm · s^{-1})	主振频率 /Hz	竖直方向峰值振速 /(cm · s^{-1})	主振频率 /Hz
1号	1	0. 302	109. 4	0. 440	70. 3	0. 259	70. 3
		0. 368	109. 4	0. 469	66. 4	0. 344	234. 4
		0. 347	109. 4	0. 435	54. 7	0. 306	54. 7
		0. 191	109. 4	0. 211	62. 5	0. 154	58. 6
		0. 154	109. 4	0. 175	109. 4	0. 101	109. 4
		0. 139	109. 4	0. 112	62. 5	0. 09	238. 3

2. 2. 2. 2　测点二振动数据

在距侧墙底部 1 m 位置选取一次振动数据进行分析，数据如表 2-2 所示，列车通过振动波持续时间约 18 s，振动引发的沿轨道方向水平峰值振速为 0. 236 cm/s，振动主频为 136. 7 Hz；垂直轨道方向水平峰值振速为 0. 236 cm/s，主频为 70. 3 Hz；竖直方向峰值振速为 0. 154 cm/s，主频为 70. 3 Hz。侧墙底部 1 m 位置测点振动速度的波形如图 2-7 所示。

表 2-2　距侧墙底部 1 m 位置振动观测数据

测点	振源距 /m	沿轨道方向水平峰值振速 /(cm · s^{-1})	主振频率 /Hz	垂直轨道方向水平峰值振速 /(cm · s^{-1})	主振频率 /Hz	竖直方向峰值振速 /(cm · s^{-1})	主振频率 /Hz
2号	2	0. 051	121. 1	0. 065	93. 7	0. 052	78. 1
		0. 144	113. 3	0. 174	117. 2	0. 076	74. 2
		0. 177	105. 5	0. 209	89. 8	0. 106	89. 8
		0. 187	132. 8	0. 213	70. 3	0. 107	74. 2
		0. 173	109. 4	0. 223	109. 4	0. 106	109. 4
		0. 236	136. 7	0. 236	70. 3	0. 154	70. 3
		0. 166	109. 4	0. 183	109. 4	0. 076	113. 3
		0. 085	128. 9	0. 089	128. 9	0. 080	128. 9
		0. 048	132. 8	0. 052	132. 8	0. 055	101. 6

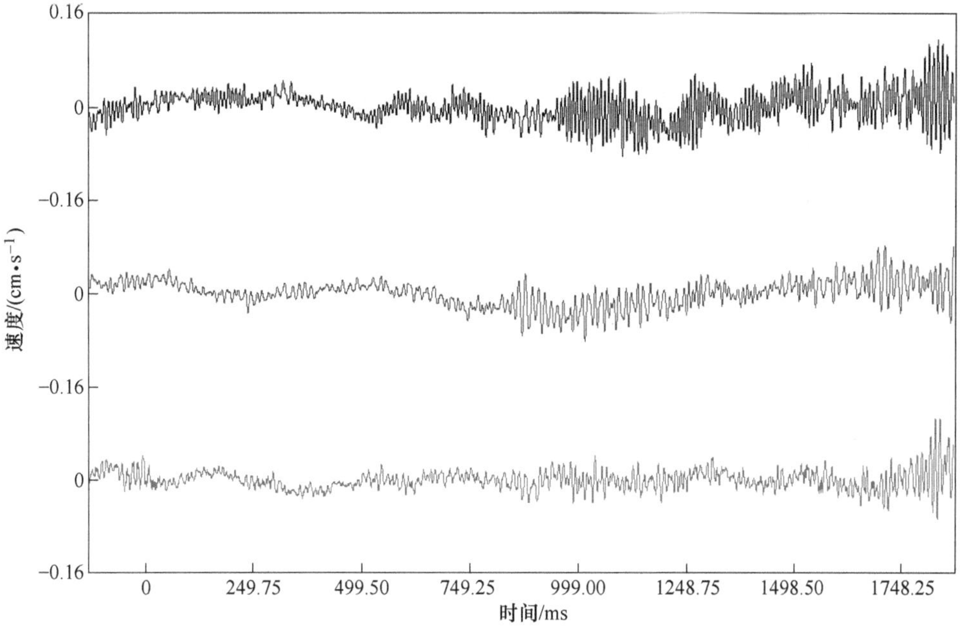
0.16
0
-0.16
0
-0.16
0
-0.16
速度/(cm·s⁻¹)
0
249.75
499.50
749.25
999.00
1248.75
1498.50
1748.25
时间/ms

(a)

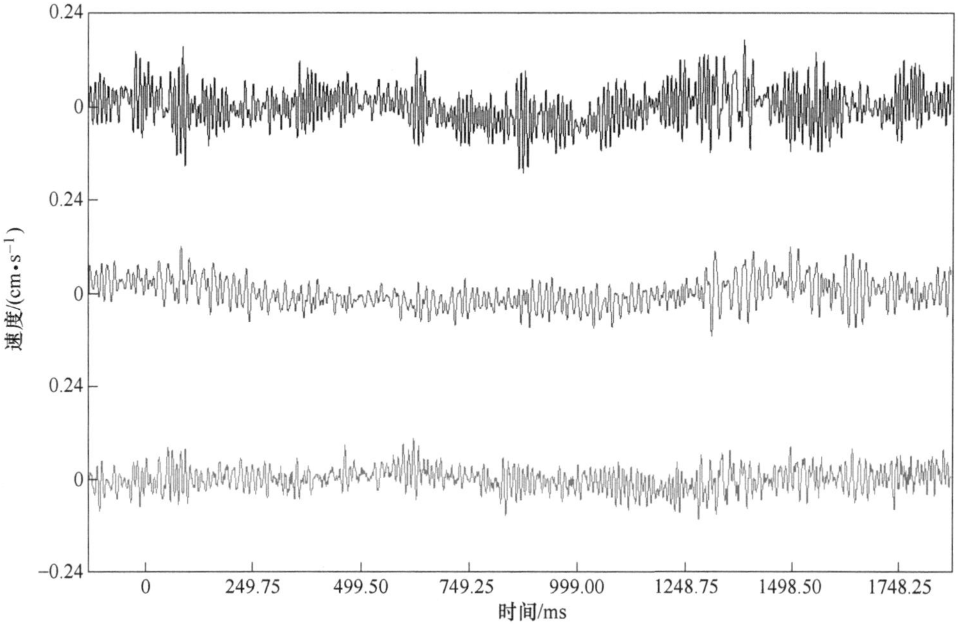
0.24
0
0.24
0
0.24
0
-0.24
速度/(cm·s⁻¹)
0
249.75
499.50
749.25
999.00
1248.75
1498.50
1748.25
时间/ms

(b)

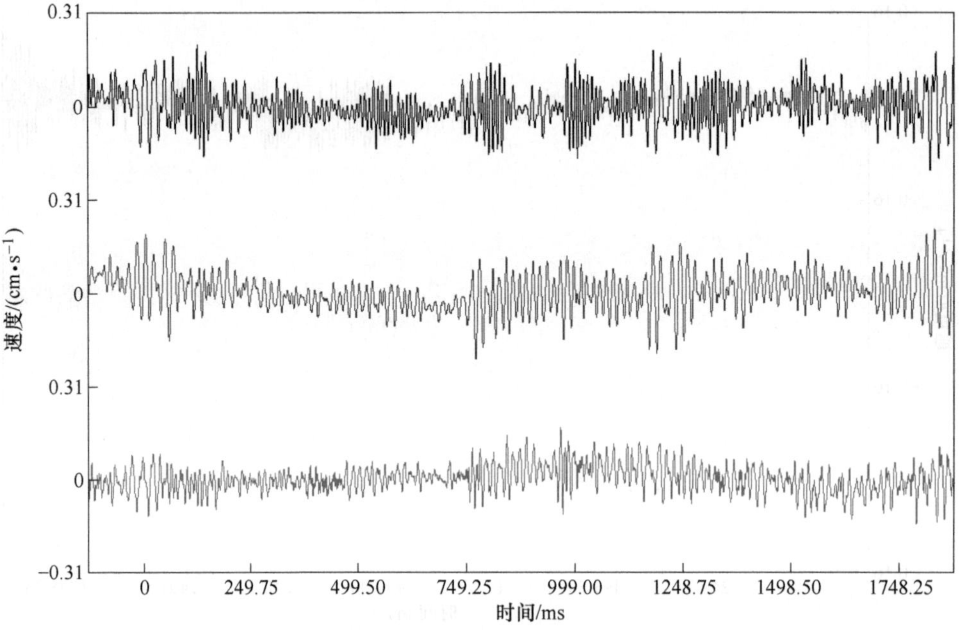
0.31
0
0.31
0
0.31
0
−0.31
速度/(cm·s−1)
0
249.75
499.50
749.25
999.00
1248.75
1498.50
1748.25
时间/ms

(c)

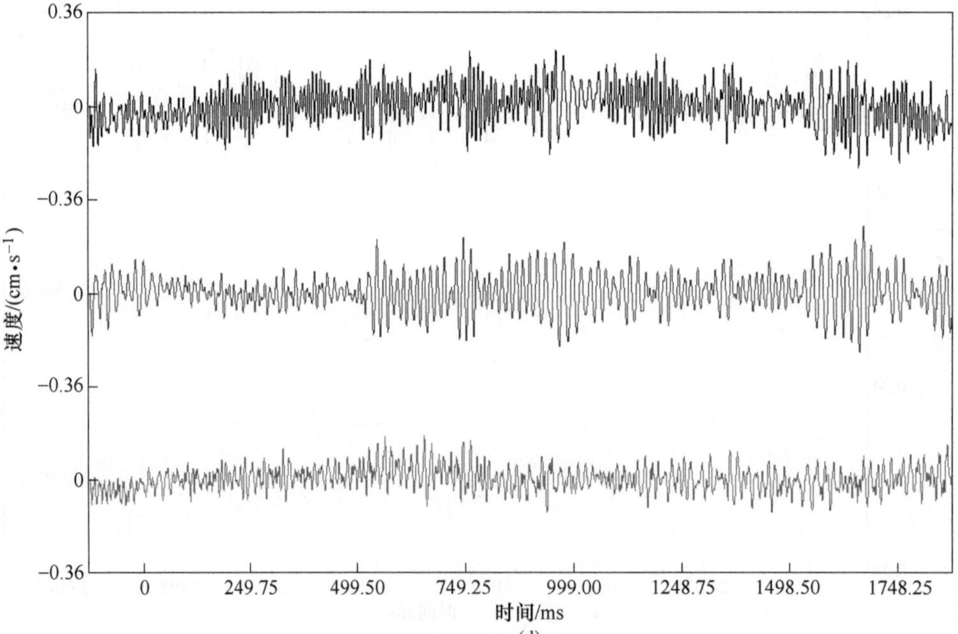
0.36
0
−0.36
0
−0.36
0
−0.36
速度/(cm·s−1)
0
249.75
499.50
749.25
999.00
1248.75
1498.50
1748.25
时间/ms

(d)

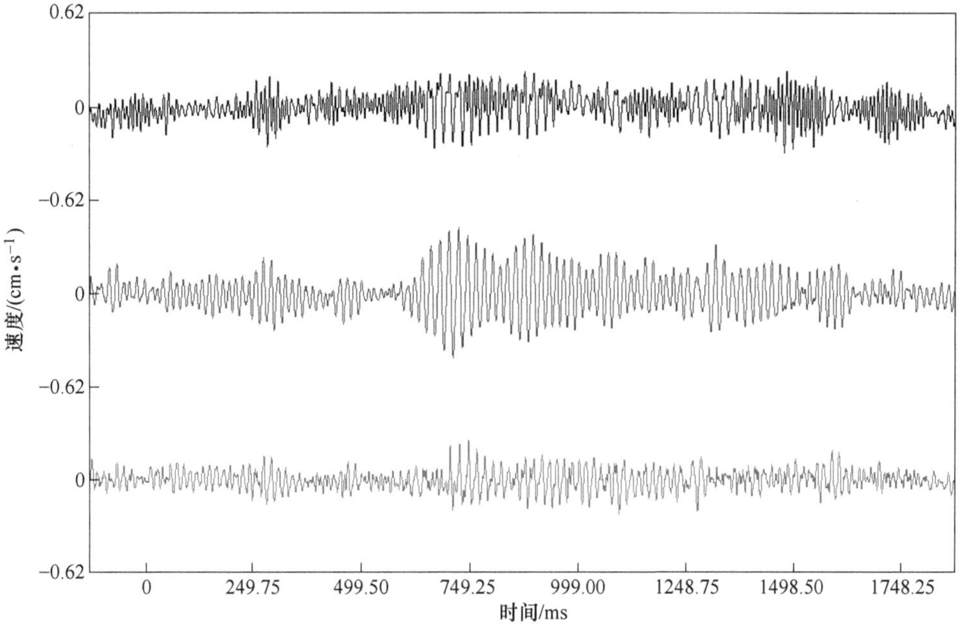
0.62
0
-0.62
0
-0.62
0
-0.62
速度/(cm·s⁻¹)
0
249.75
499.50
749.25
999.00
1248.75
1498.50
1748.25
时间/ms

(e)

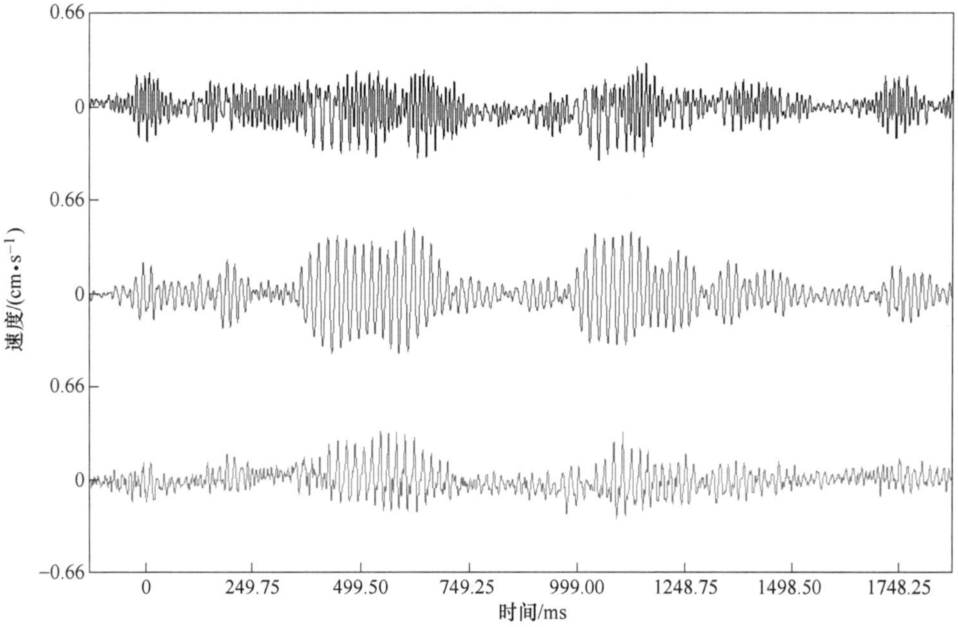
0.66
0
0.66
0
0.66
0
-0.66
速度/(cm·s⁻¹)
0
249.75
499.50
749.25
999.00
1248.75
1498.50
1748.25
时间/ms

(f)

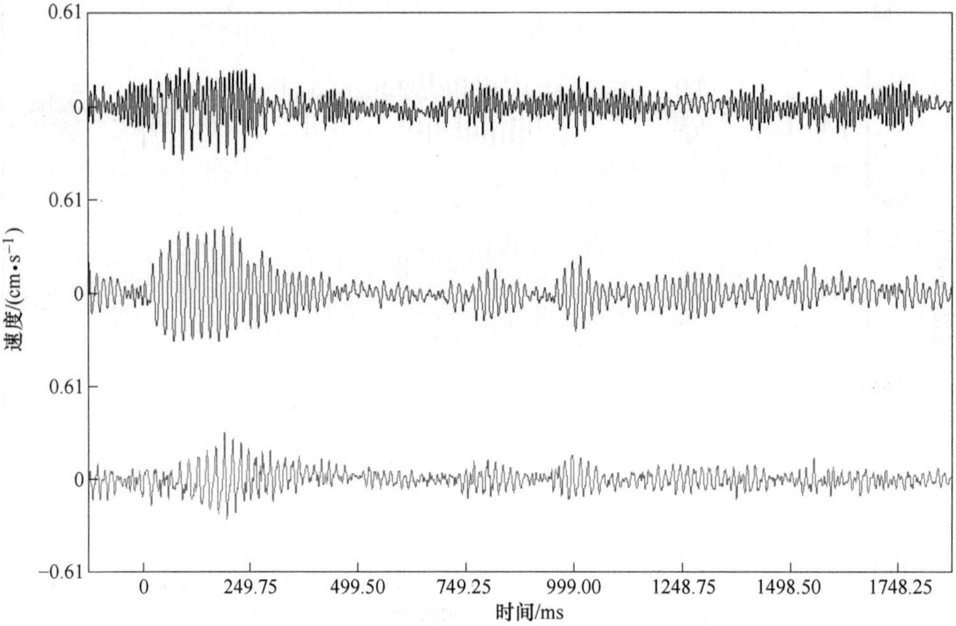
0.61
0
0.61
0
0.61
0
−0.61
速度/(cm·s−1)
0
249.75
499.50
749.25
999.00
1248.75
1498.50
1748.25
时间/ms

(g)

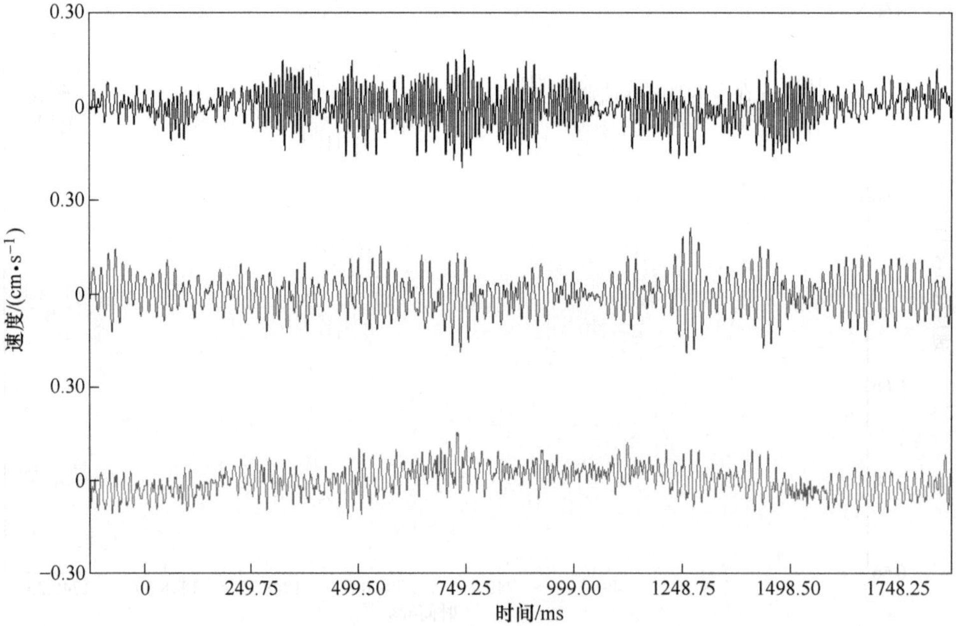
0.30
0
0.30
0
0.30
0
−0.30
速度/(cm·s−1)
0
249.75
499.50
749.25
999.00
1248.75
1498.50
1748.25
时间/ms

(h)

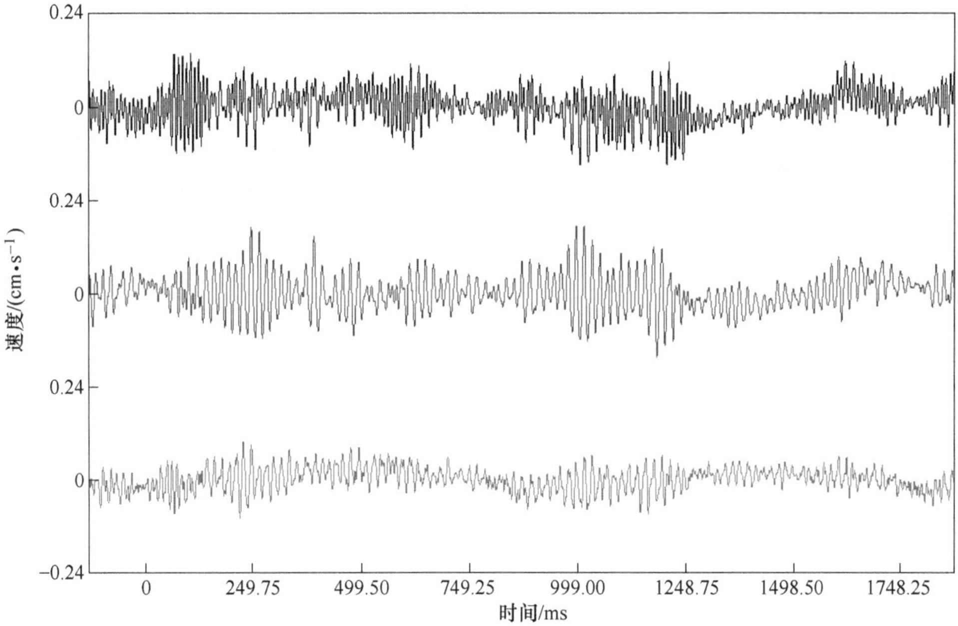

(i)

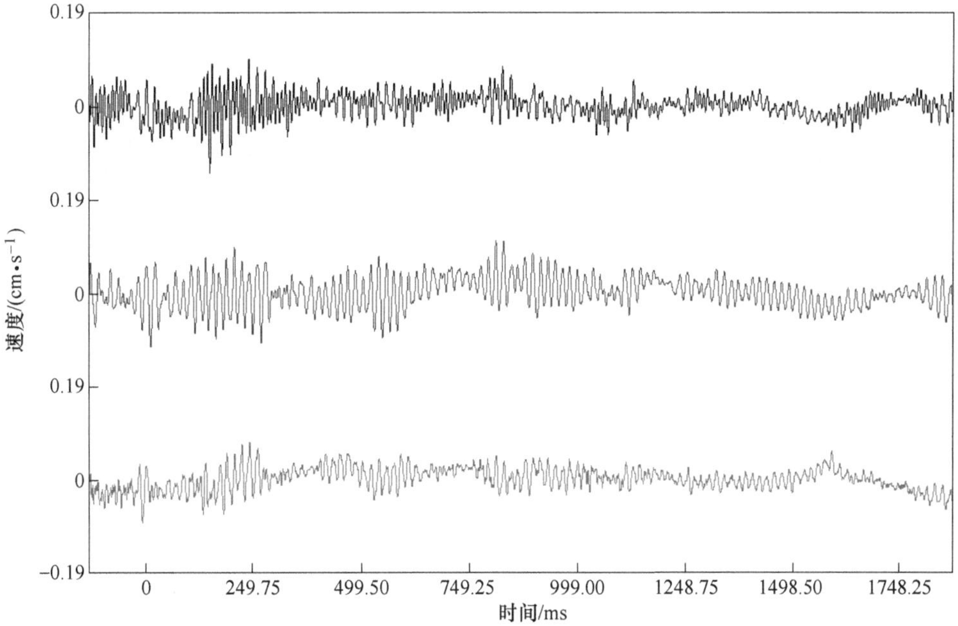

(j)

图 2-6　道床位置测点振动速度波形图

(a) 第一组振动波形图；(b) 第二组振动波形图；(c) 第三组振动波形图；(d) 第四组振动波形图；(e) 第五组振动波形图；(f) 第六组振动波形图；(g) 第七组振动波形图；(h) 第八组振动波形图；(i) 第九组振动波形图；(j) 第十组振动波形图

彩图

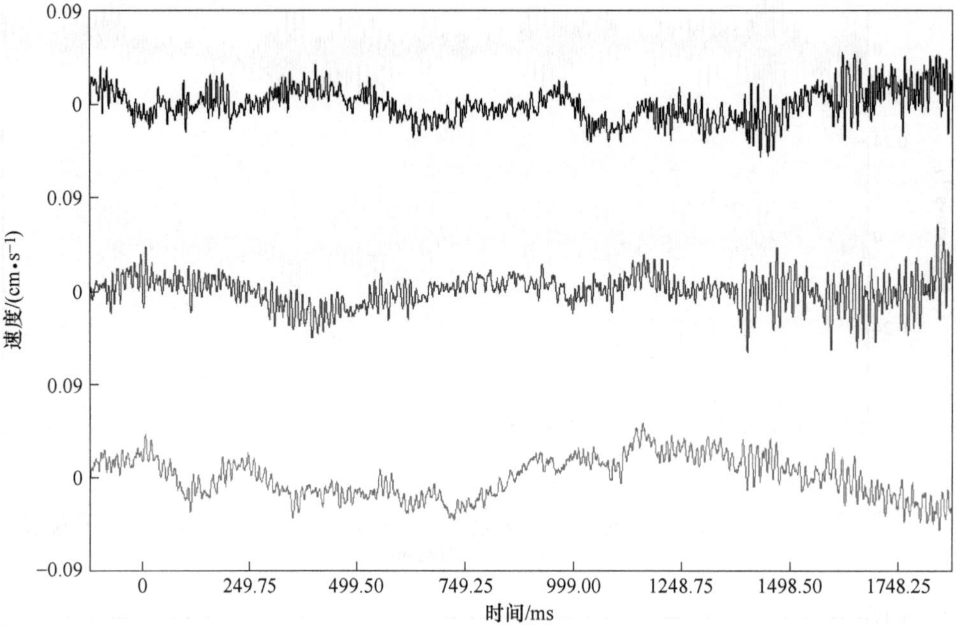
0.09
0
0.09
0
0.09
0
−0.09
速度/(cm•s⁻¹)
0
249.75
499.50
749.25
999.00
1248.75
1498.50
1748.25
时间/ms
(a)

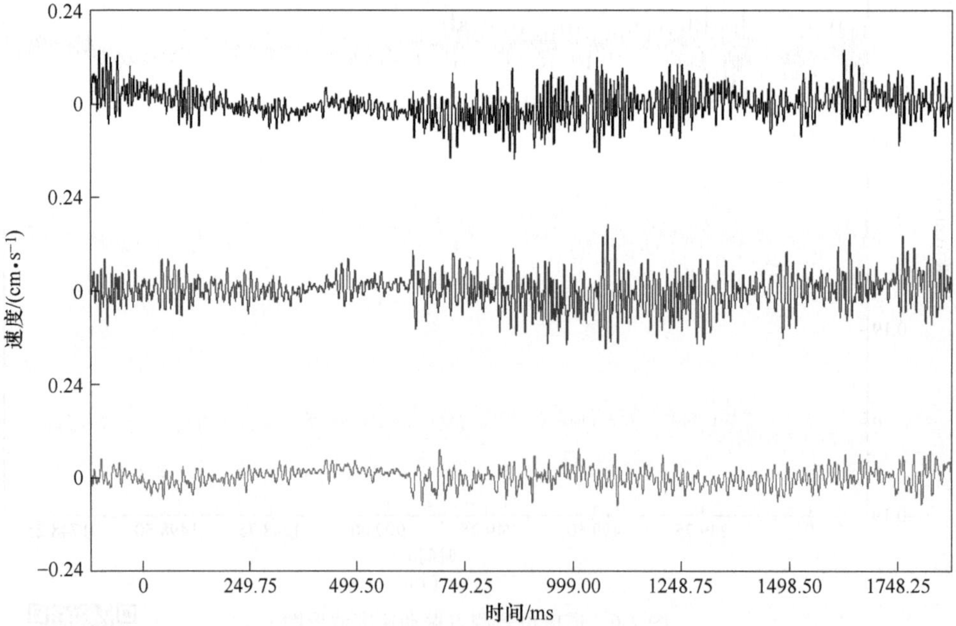
0.24
0
0.24
0
0.24
0
−0.24
速度/(cm•s⁻¹)
0
249.75
499.50
749.25
999.00
1248.75
1498.50
1748.25
时间/ms
(b)

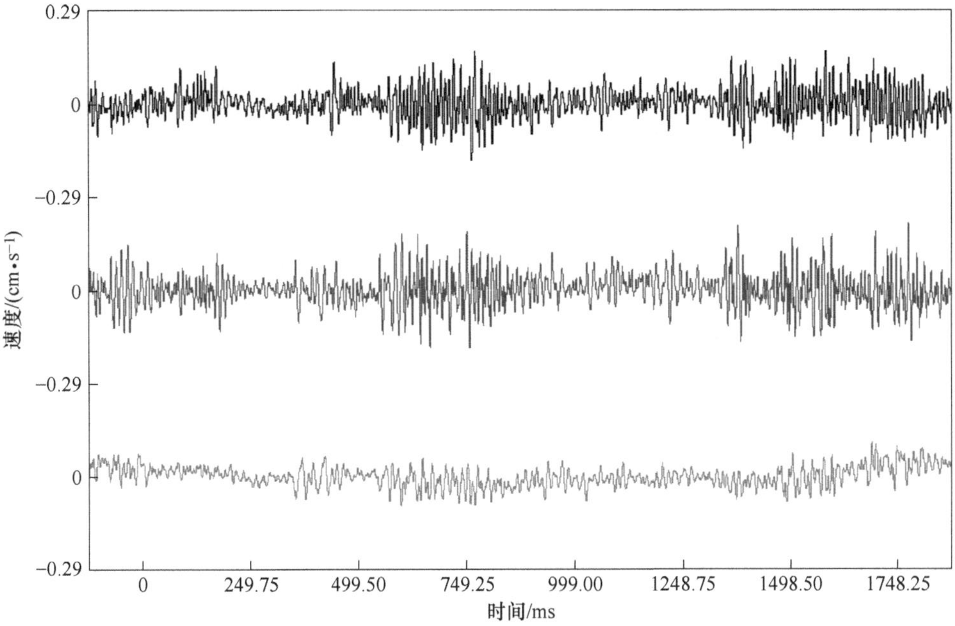
0.29
0
−0.29
0
−0.29
0
−0.29
速度/(cm•s⁻¹)
0
249.75
499.50
749.25
999.00
1248.75
1498.50
1748.25
时间/ms
(c)

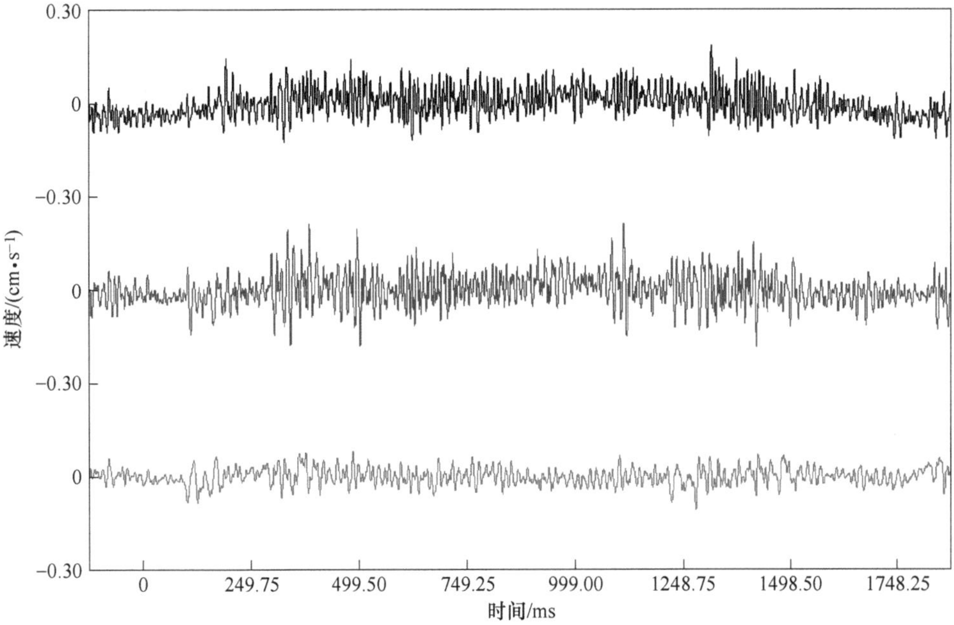
0.30
0
−0.30
0
−0.30
0
−0.30
速度/(cm•s⁻¹)
0
249.75
499.50
749.25
999.00
1248.75
1498.50
1748.25
时间/ms
(d)

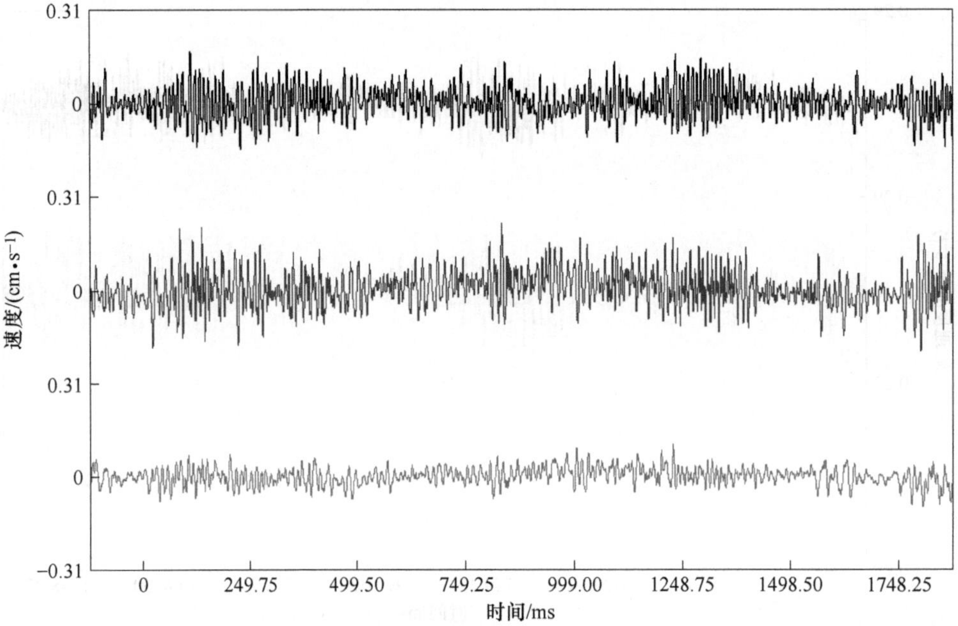
0.31
0
0.31
0
0.31
0
−0.31
速度/(cm·s⁻¹)
0
249.75
499.50
749.25
999.00
1248.75
1498.50
1748.25
时间/ms
(e)

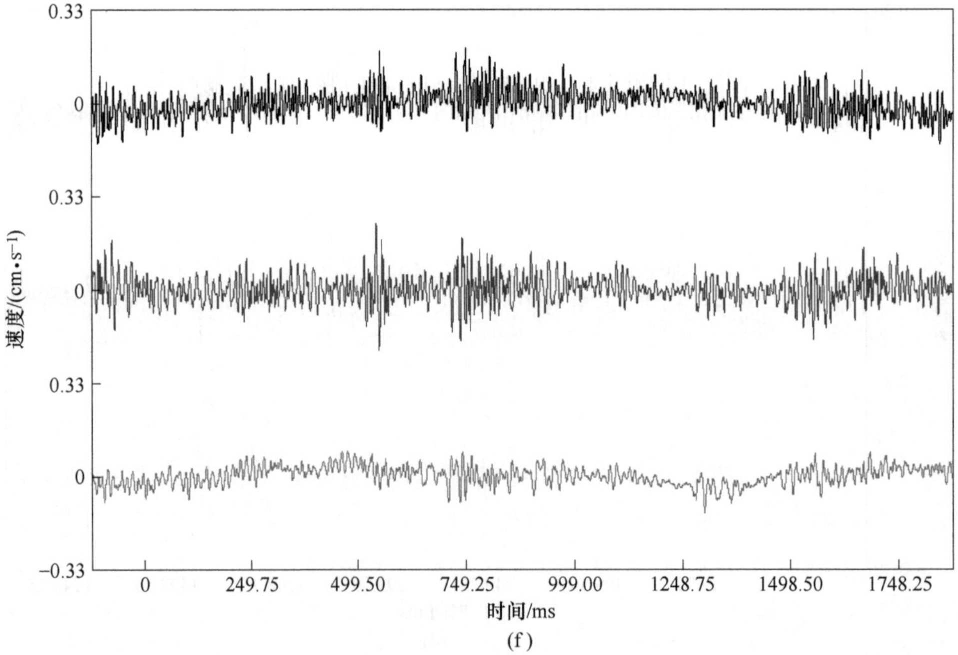
0.33
0
0.33
0
0.33
0
−0.33
速度/(cm·s⁻¹)
0
249.75
499.50
749.25
999.00
1248.75
1498.50
1748.25
时间/ms
(f)

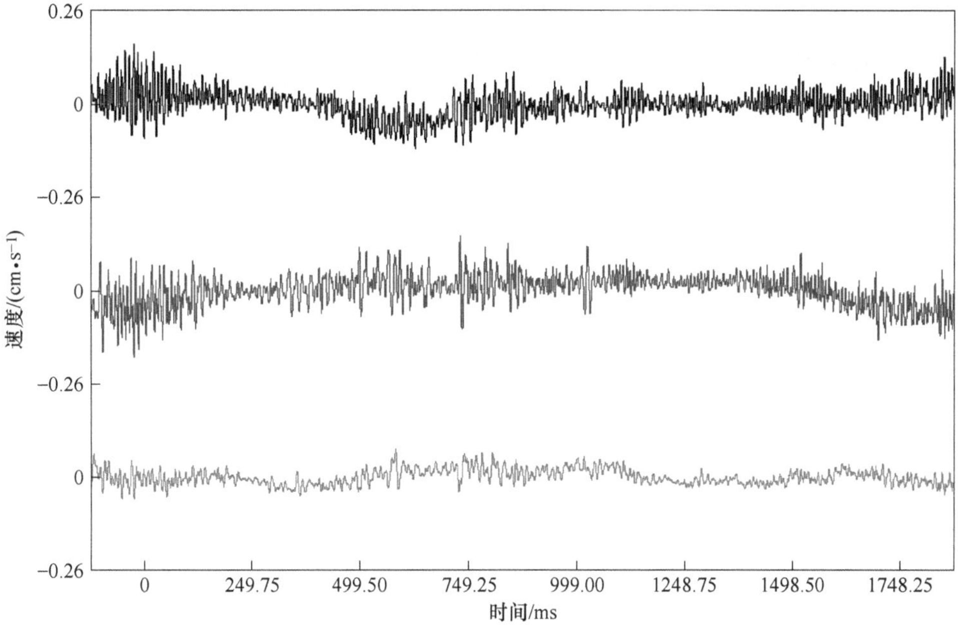
0.26
0
−0.26
0
−0.26
0
−0.26
速度/(cm•s⁻¹)
0
249.75
499.50
749.25
999.00
1248.75
1498.50
1748.25
时间/ms
(g)

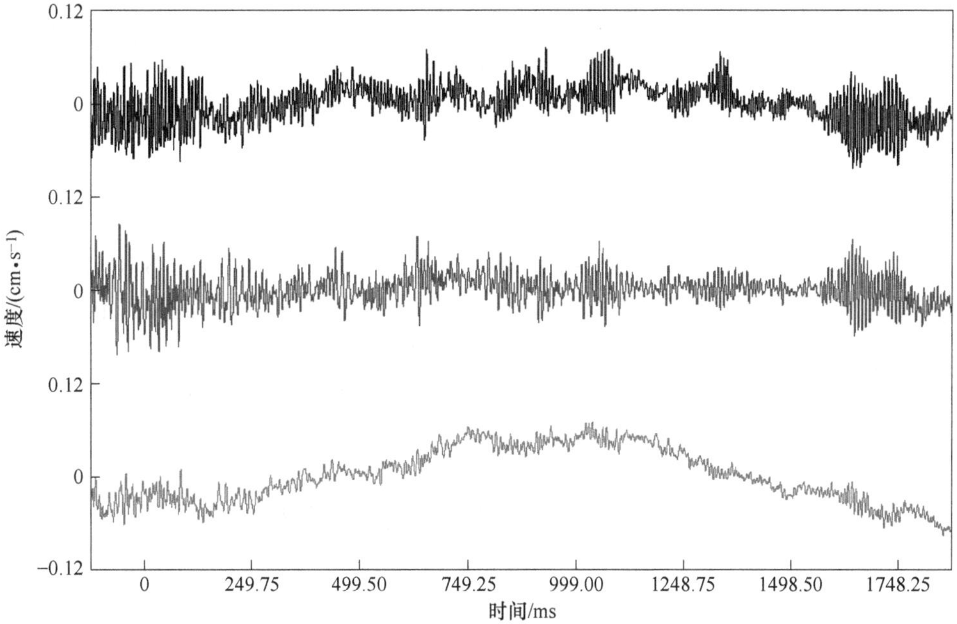
0.12
0
0.12
0
0.12
0
−0.12
速度/(cm•s⁻¹)
0
249.75
499.50
749.25
999.00
1248.75
1498.50
1748.25
时间/ms
(h)

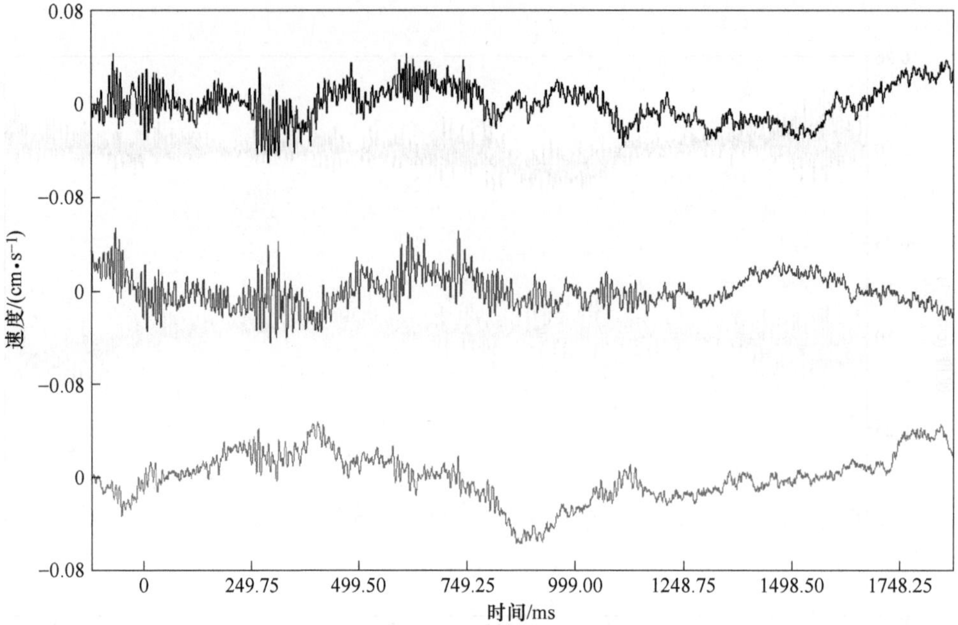

(i)

图 2-7　侧墙底部 1 m 位置测点振动速度波形图

（a）第一组振动波形图；（b）第二组振动波形图；（c）第三组振动波形图；
（d）第四组振动波形图；（e）第五组振动波形图；（f）第六组振动波形图；
（g）第七组振动波形图；（h）第八组振动波形图；（i）第九组振动波形图

彩图

2.2.2.3　测点三振动数据

在侧墙底部 2 m 位置选取一次振动数据进行分析，数据如表 2-3 所示，列车通过振动波持续时间约 16 s，振动引发的顺桥方向水平峰值振速为 0.200 cm/s，振动主频为 140.6 Hz；垂直桥方向水平峰值振速为 0.139 cm/s，主频为 136.7 Hz；竖直方向峰值振速为 0.151 cm/s，主频为 66.4 Hz。侧墙底部 2 m 位置测点振动速度的波形如图 2-8 所示。

表 2-3　侧墙底部 2 m 位置振动观测数据

测点	振源距 /m	沿轨道方向水平峰值振速 /(cm · s^{-1})	主振频率 /Hz	垂直轨道方向水平峰值振速 /(cm · s^{-1})	主振频率 /Hz	竖直方向峰值振速 /(cm · s^{-1})	主振频率 /Hz
3号	3	0.103	144.5	0.065	144.5	0.073	148.4
		0.156	140.6	0.121	140.6	0.102	50.8

续表 2-3

测点	振源距 /m	沿轨道方向水平峰值振速 /(cm·s^{-1})	主振频率 /Hz	垂直轨道方向水平峰值振速 /(cm·s^{-1})	主振频率 /Hz	竖直方向峰值振速 /(cm·s^{-1})	主振频率 /Hz
3号	3	0.194	136.7	0.127	136.7	0.141	46.9
		0.196	136.7	0.114	136.7	0.177	136.7
		0.200	140.6	0.139	136.7	0.151	66.4
		0.197	125.0	0.124	140.6	0.131	85.9
		0.146	144.5	0.102	54.7	0.099	78.1
		0.107	144.5	0.054	144.5	0.072	78.1

2.2.2.4 测点四振动数据

在侧墙顶部位置选取一次振动数据进行分析，数据如表 2-4 所示，列车通过振动波持续时间约 14 s，振动引发的沿轨道方向水平峰值振幅为 0.116 cm/s，振动主频为 66.4 Hz；垂直轨道方向水平峰值振速为 0.076 cm/s，主频为 50.8 Hz；竖直方向峰值振速为 0.083 cm/s，主频为 50.8 Hz。侧墙顶部位置测点振动速度的波形如图 2-9 所示。

表 2-4 侧墙顶部位置振动观测数据

测点	振源距 /m	沿轨道方向水平峰值振速 /(cm·s^{-1})	主振频率 /Hz	垂直轨道方向水平峰值振速 /(cm·s^{-1})	主振频率 /Hz	竖直方向峰值振速 /(cm·s^{-1})	主振频率 /Hz
4号	5	0.055	89.8	0.052	89.8	0.046	89.8
		0.081	89.8	0.055	54.7	0.070	54.7
		0.101	66.4	0.066	54.7	0.079	74.2
		0.116	66.4	0.076	50.8	0.083	50.8
		0.103	66.4	0.080	50.8	0.070	50.8
		0.092	66.4	0.074	66.4	0.084	66.4
		0.081	89.8	0.045	50.8	0.059	82.0

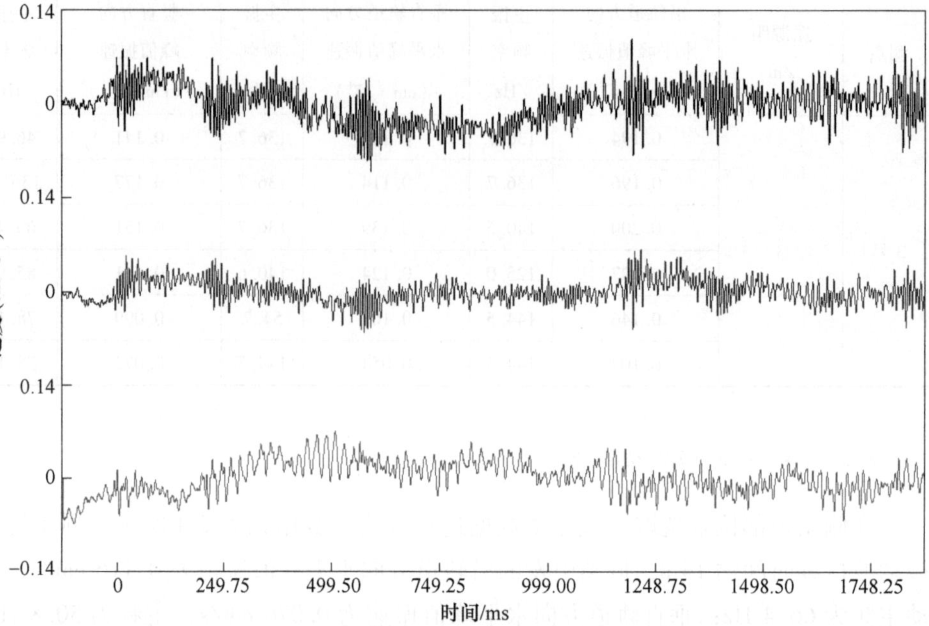
0.14
0
0.14
0
0.14
0
−0.14
速度/(cm · s⁻¹)
0
249.75
499.50
749.25
999.00
1248.75
1498.50
1748.25
时间/ms
(a)

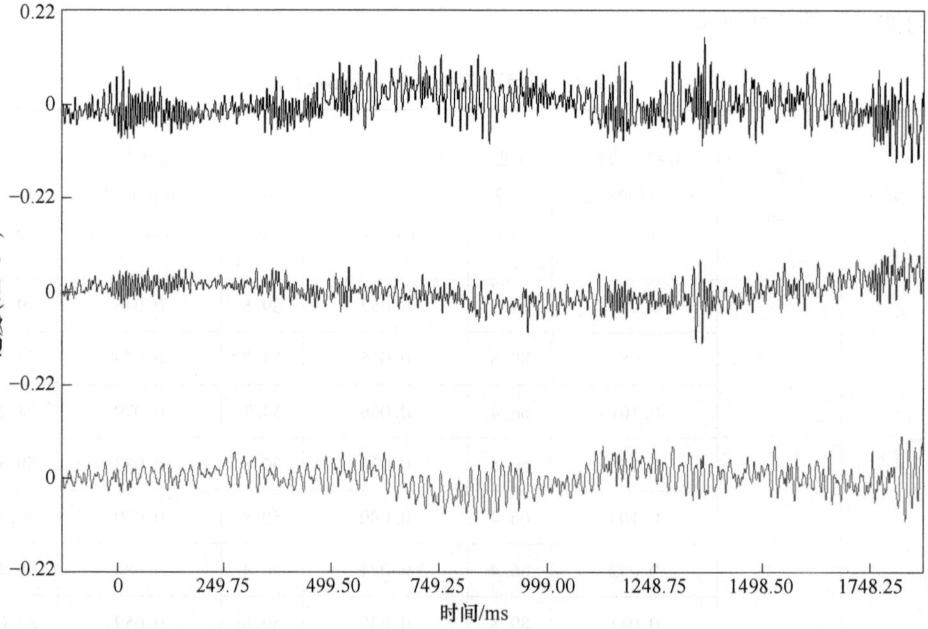
0.22
0
−0.22
0
−0.22
0
−0.22
速度/(cm · s⁻¹)
0
249.75
499.50
749.25
999.00
1248.75
1498.50
1748.25
时间/ms
(b)

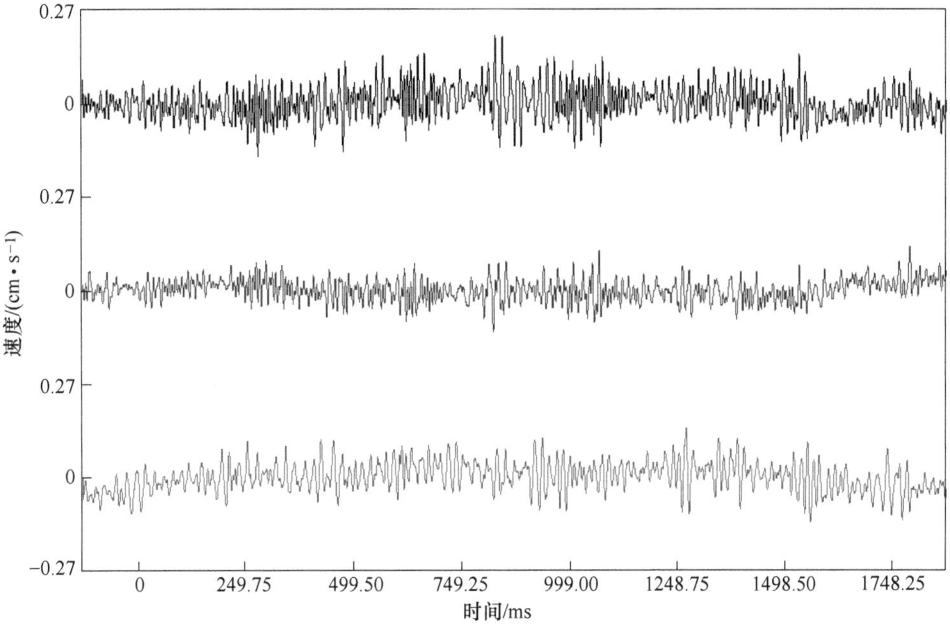
0.27
0
0.27
0
0.27
0
−0.27
速度/(cm·s^{-1})
0
249.75
499.50
749.25
999.00
1248.75
1498.50
1748.25
时间/ms

(c)

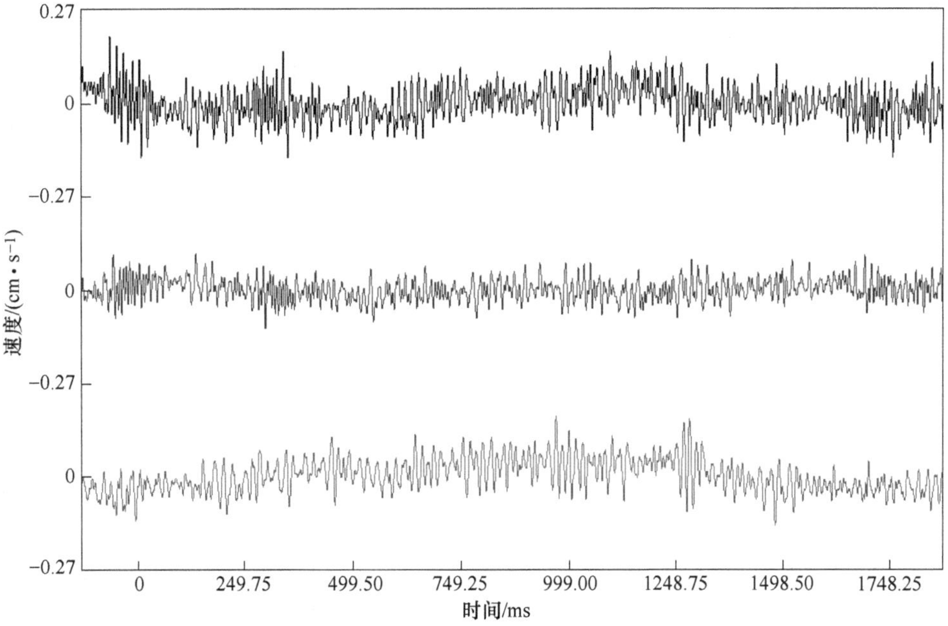
0.27
0
−0.27
0
−0.27
0
−0.27
速度/(cm·s^{-1})
0
249.75
499.50
749.25
999.00
1248.75
1498.50
1748.25
时间/ms

(d)

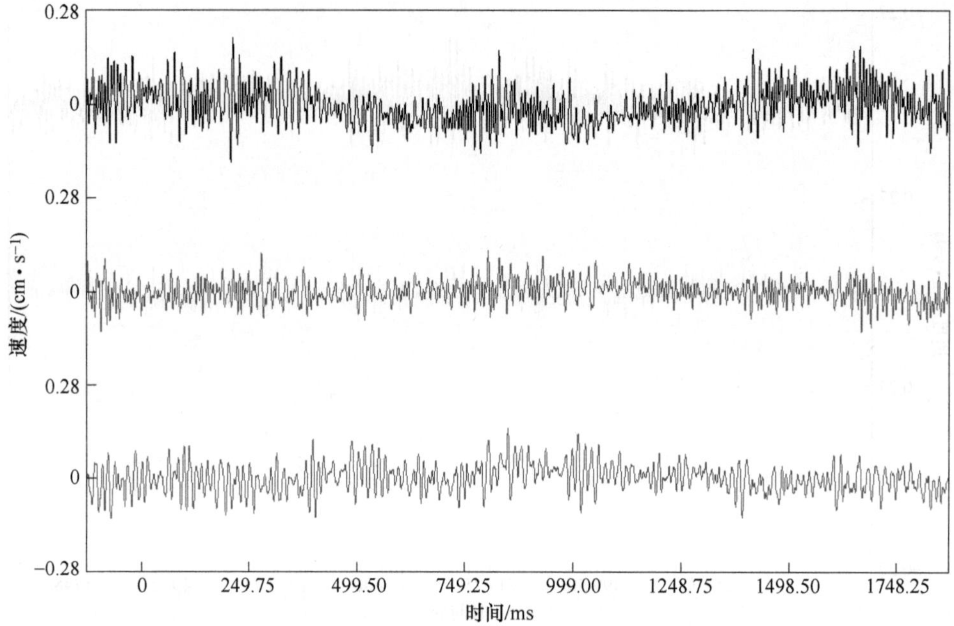
0.28
0
0.28
0
0.28
0
−0.28
速度/(cm · s^{-1})
0
249.75
499.50
749.25
999.00
1248.75
1498.50
1748.25
时间/ms

(e)

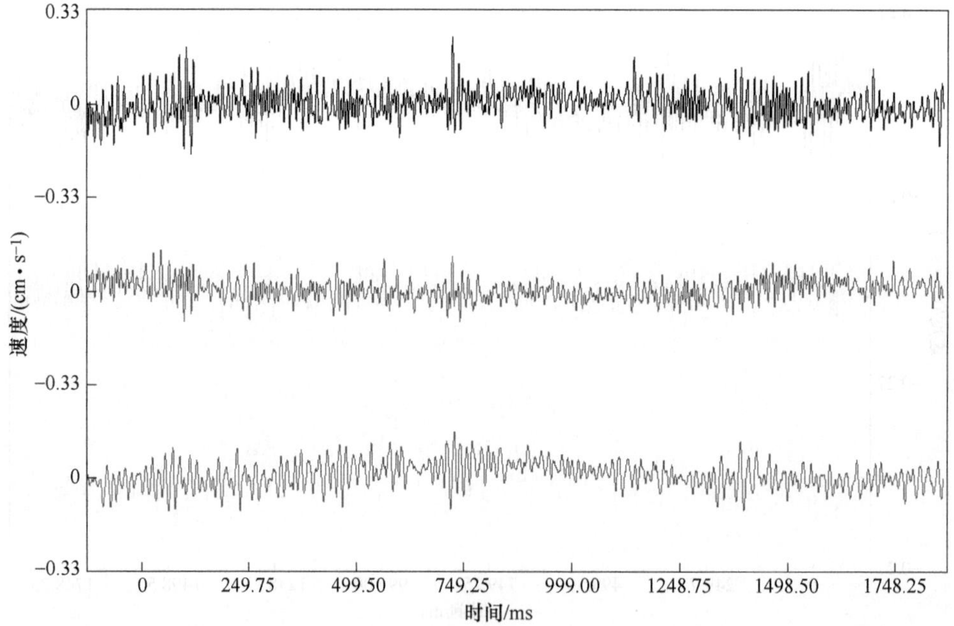
0.33
0
−0.33
0
−0.33
0
−0.33
速度/(cm · s^{-1})
0
249.75
499.50
749.25
999.00
1248.75
1498.50
1748.25
时间/ms

(f)

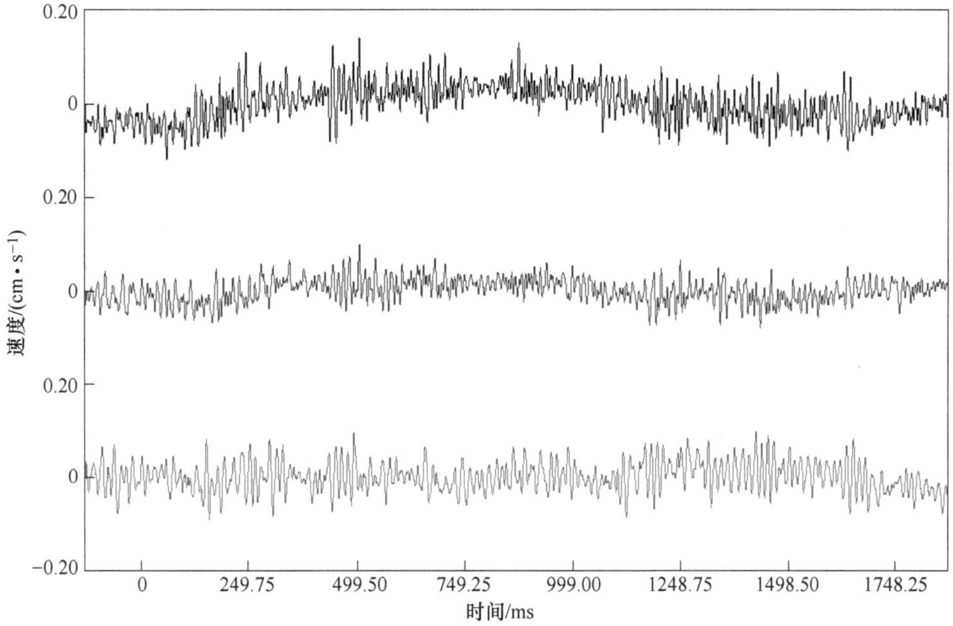

(g)

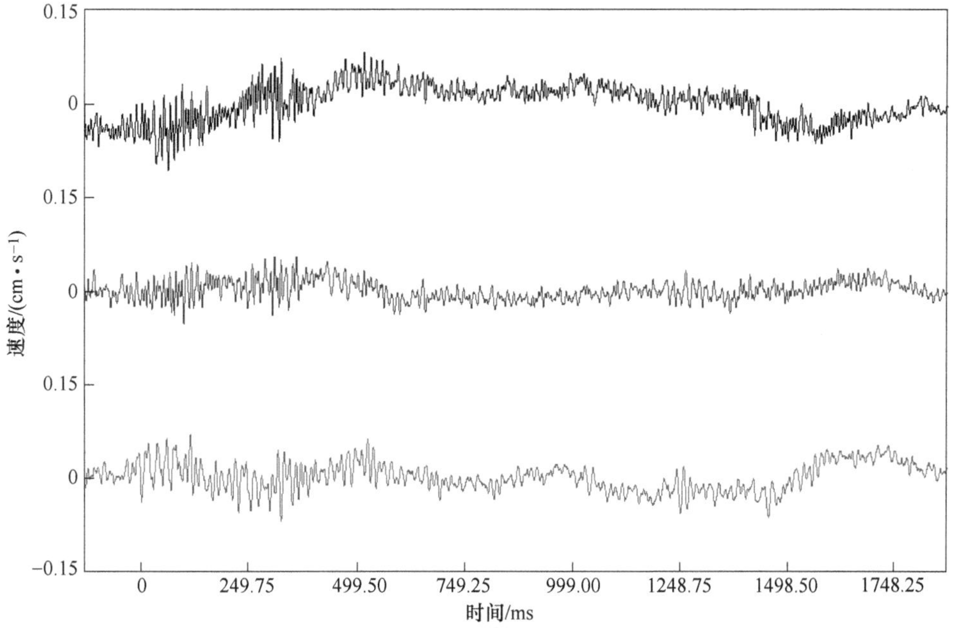

(h)

图 2-8 侧墙底部 2 m 位置测点振动速度波形图

（a）第一组振动波形图；（b）第二组振动波形图；（c）第三组振动波形图；（d）第四组振动波形图；（e）第五组振动波形图；（f）第六组振动波形图；（g）第七组振动波形图；（h）第八组振动波形图

彩图

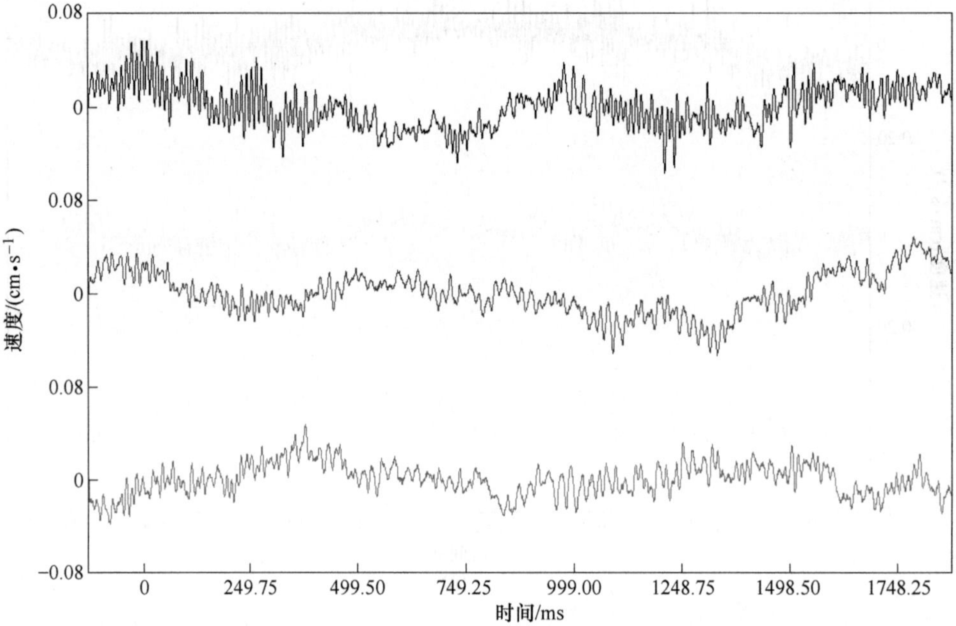
0.08
0
0.08
0
0.08
0
−0.08
速度/(cm·s^{-1})
0
249.75
499.50
749.25
999.00
1248.75
1498.50
1748.25
时间/ms

(a)

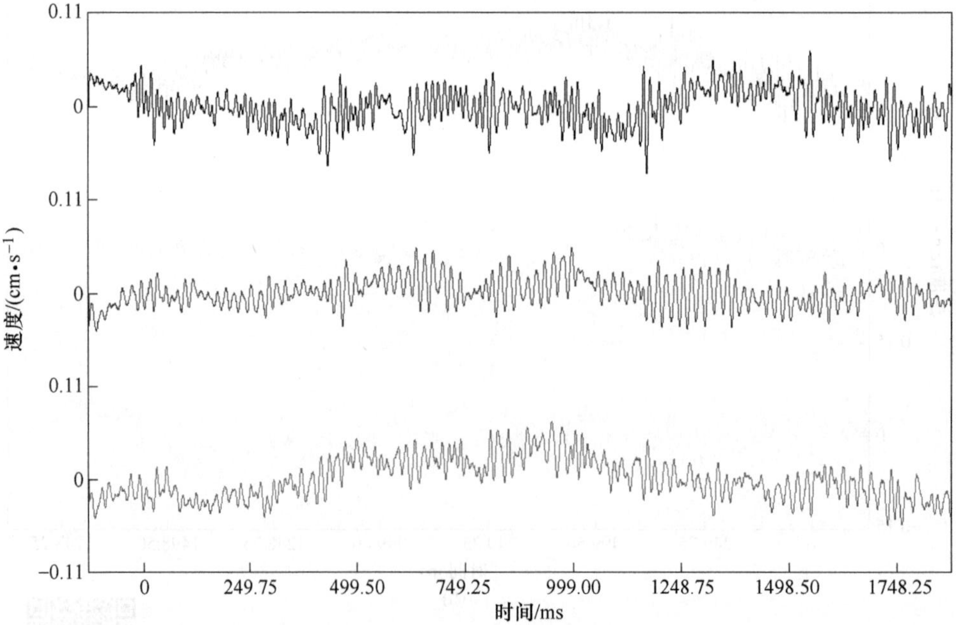
0.11
0
0.11
0
0.11
0
−0.11
速度/(cm·s^{-1})
0
249.75
499.50
749.25
999.00
1248.75
1498.50
1748.25
时间/ms

(b)

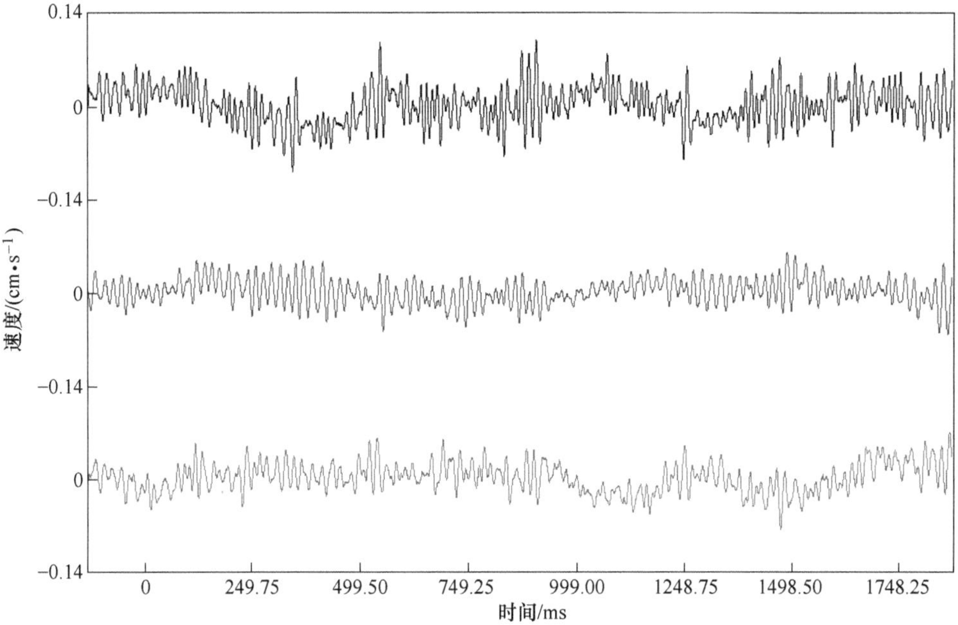
0.14
0
−0.14
0
−0.14
0
−0.14
速度/(cm·s−1)
0
249.75
499.50
749.25
999.00
1248.75
1498.50
1748.25
时间/ms

(c)

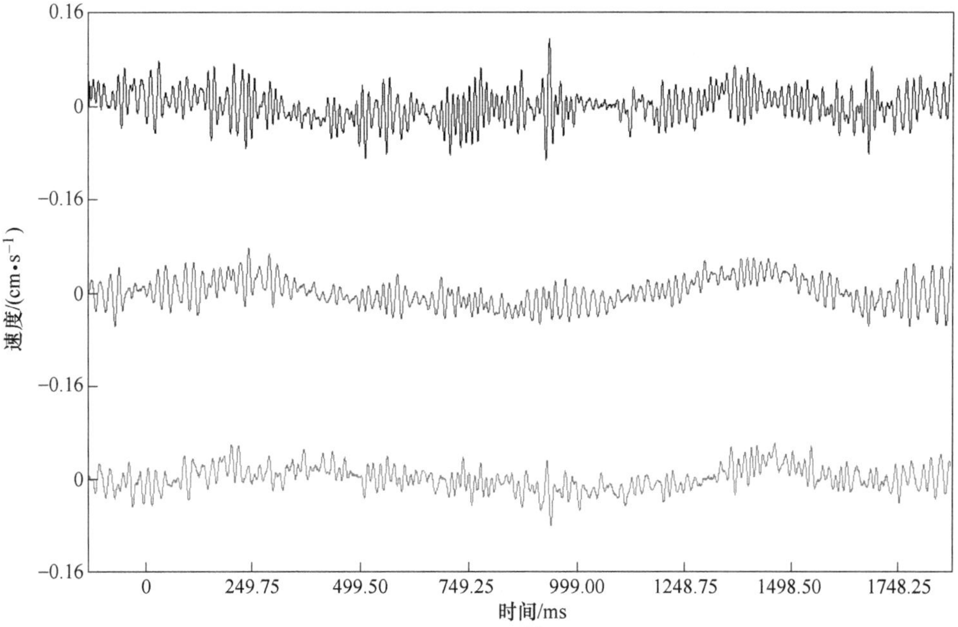
0.16
0
−0.16
0
−0.16
0
−0.16
速度/(cm·s−1)
0
249.75
499.50
749.25
999.00
1248.75
1498.50
1748.25
时间/ms

(d)

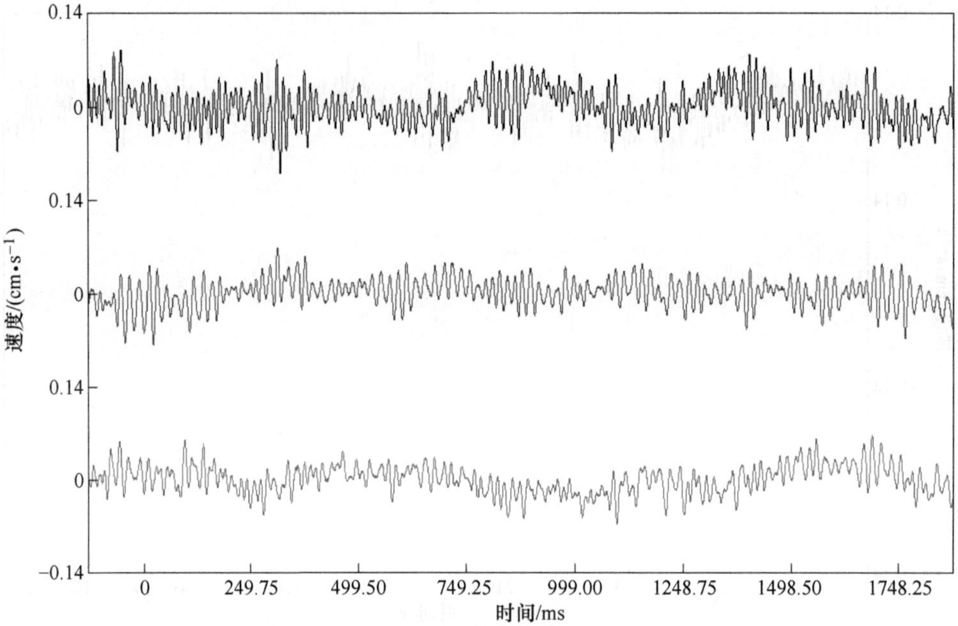
0.14
0
0.14
0
0.14
0
−0.14
速度/(cm·s⁻¹)
0
249.75
499.50
749.25
999.00
1248.75
1498.50
1748.25
时间/ms
(e)

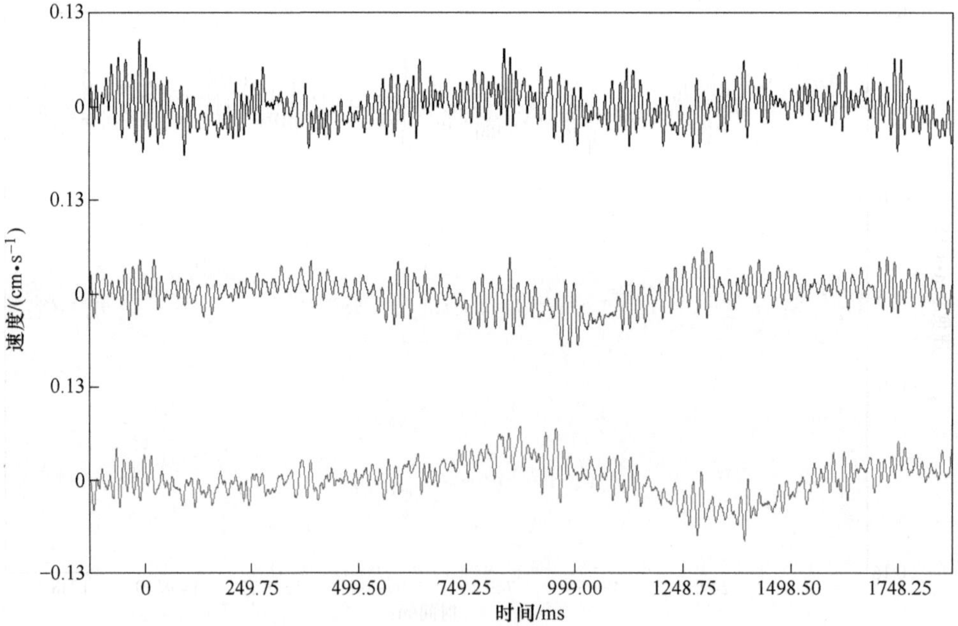
0.13
0
0.13
0
0.13
0
−0.13
速度/(cm·s⁻¹)
0
249.75
499.50
749.25
999.00
1248.75
1498.50
1748.25
时间/ms
(f)

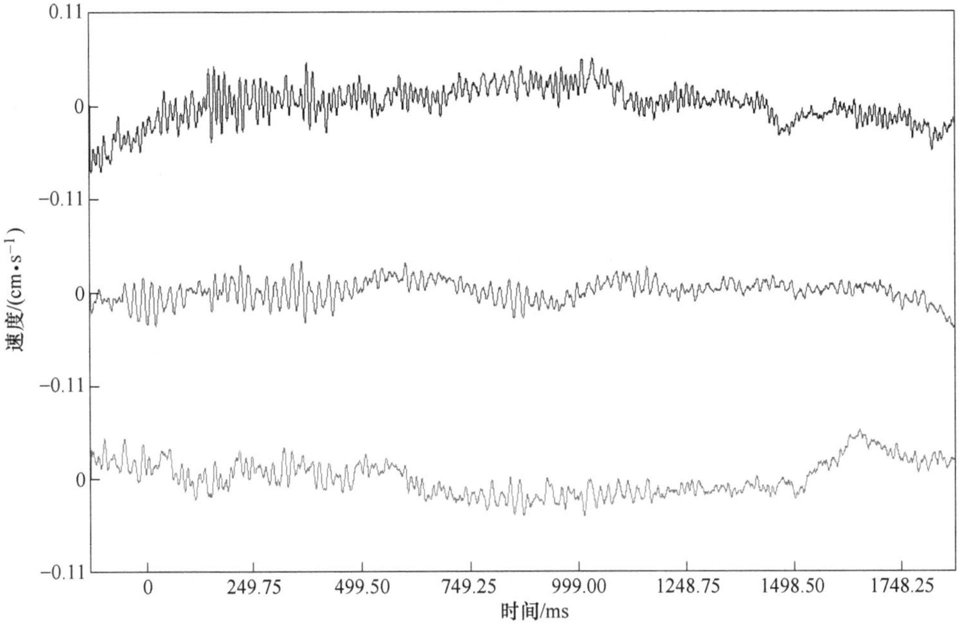

(g)

图 2-9　侧墙顶部位置测点振动速度波形图

（a）第一组振动波形图；（b）第二组振动波形图；（c）第三组振动波形图；（d）第四组振动波形图；（e）第五组振动波形图；（f）第六组振动波形图；（g）第七组振动波形图

彩图

2.3　振动衰减规律分析

距离轨道最近的道床测点，距离振源 1 m，其振动速度：沿轨道方向水平峰值振速 0.368 cm/s，振动主频为 109.4 Hz；垂直轨道方向水平峰值振速为 0.469 cm/s，主频为 66.4 Hz；竖直方向峰值振速为 0.344 cm/s，主频为 234.4 Hz。

距离振源 1 m 处振动速度：沿轨道方向水平峰值振速为 0.236 cm/s，振动主频为 136.7 Hz；垂直轨道方向水平峰值振速为 0.236 cm/s，主频为 70.3 Hz；竖直方向峰值振速为 0.154 cm/s，主频为 70.3 Hz。

距离振源 2 m 处振动速度：沿轨道方向水平峰值振速为 0.200 cm/s，振动主频为 140.6 Hz；垂直轨道方向水平峰值振速为 0.139 cm/s，主频为 136.7 Hz；竖直方向峰值振速为 0.151 cm/s，主频为 66.4 Hz。

距离道床 5 m 处位置选取一次振动数据进行分析，列车通过振动波持续时间约 14 s，振动引发的顺桥方向水平峰值振速为 0. 116 cm/s，振动主频为 66. 4 Hz；垂直桥方向水平峰值振速为 0. 076 cm/s，主频为 50. 8 Hz；竖直方向峰值振速为 0. 083 cm/s，主频为 50. 8 Hz。

振动速度主要受振源距的控制，质点三个方向的振动速度与振源距呈较为一致的非线性关系，通过拟合数据分析，振动速度大小随振源距增加呈现指数衰减的变化规律，数学预测模型一以指数函数形成进行数据拟合，指数函数如下：

$$v = K \cdot e^{\beta \cdot r} \tag{2-1}$$

如图 2-11 指数函数拟合结果所示，质点三个方向的振动速度随距离呈指数衰减，拟合得到振动速度衰减系数 $\beta=-0.35 \sim -0.21$，场地系数 $K=0.33 \sim 0.52$，三个方向拟合结果的相关系数 $R^2=0.8 \sim 0.95$，竖直方向振动速度拟合相关性最低。

同时，根据图 2-10 振动衰减规律质点振动速度与距离的变化规律观察，数据拟合可采用幂函数进行回归分析，数学预测模型二以幂函数形式进行数据拟合，幂函数如下：

$$v = K \cdot r^{\beta} \tag{2-2}$$

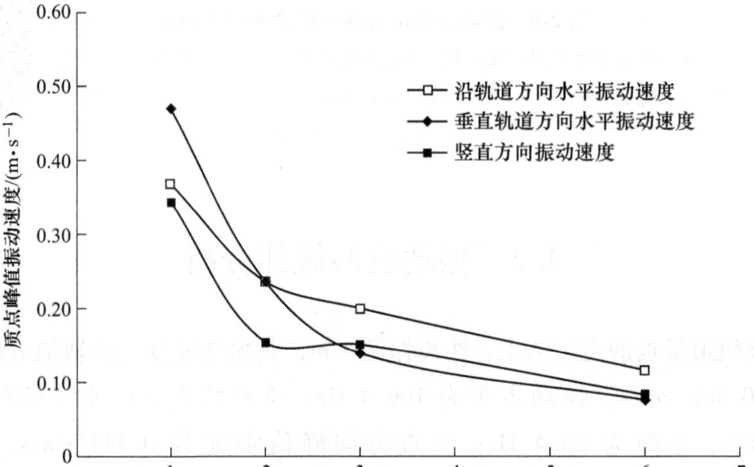

图 2-10　振动衰减规律

如图 2-12 所示，振动速度衰减系数 $\beta=-1.03 \sim -0.63$，场地系数 $K=0.31 \sim 0.46$。三个方向拟合结果的相关系数 $R^2=0.94 \sim 0.995$，三个方向振动速度拟合相关性均较高。此区域内结构内的振动速度衰减预测模型为：

$$v = (0.31 \sim 0.46) \cdot r^{-1.03 \sim -0.63} \tag{2-3}$$

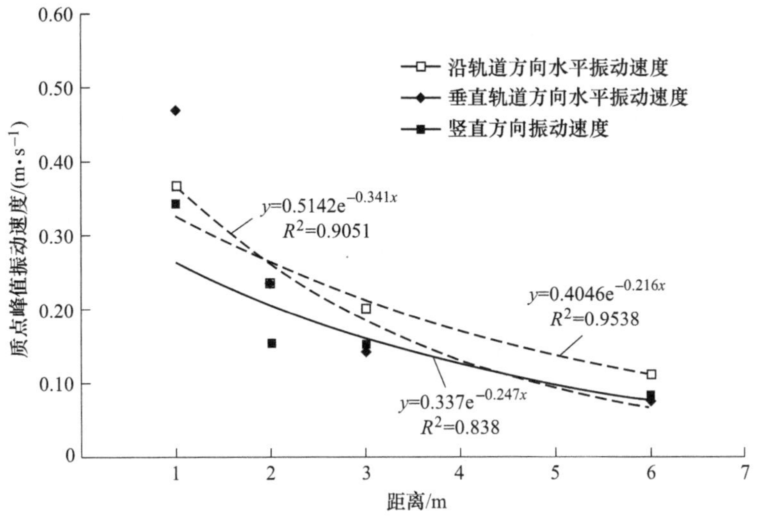

图 2-11　指数函数拟合结果

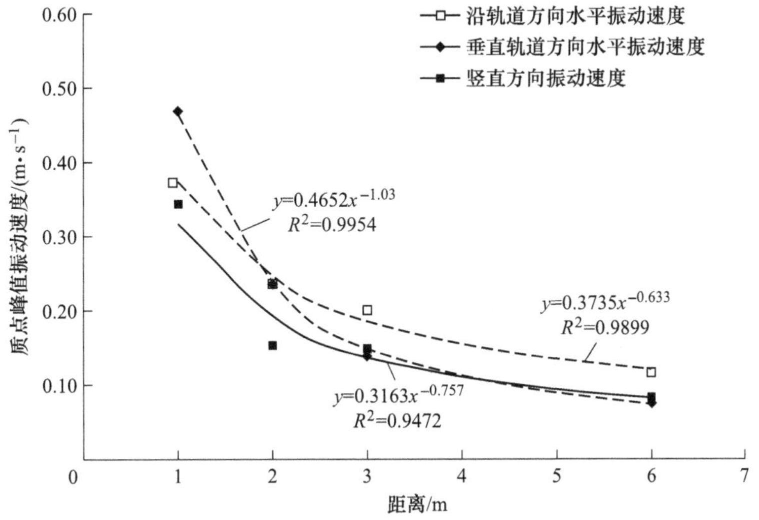

图 2-12　幂函数拟合结果

幂函数和指数函数拟合结果相比而言，数据拟合相关性更高，幂函数更有效反映地铁隧道结构振动响应变化规律，而且拟合所得到的场地系数相对集中，说明同一区域范围内的场地影响程度相当。如图 2-12 中垂直轨道方向水平振动速度变化曲线所示，此方向上的振动速度衰减速度更快，振源近区结构受到的垂直轨道方向水平振动效益最大，沿轨道方向水平振动效应次之，竖直方向振动效应最小；振源远区（超过4~5 m范围）结构受到的沿轨道方向水平振动效应最大，竖直方向振动效应逐渐超过垂直轨道方向水平振动。因此在结构不同位置关注的结构振动不同，在轨道附近1~3 m范围内，主要以水平振动效应为主；超过5 m后，竖直方向的振动效应逐渐凸显，成为结构危害的重点关注对象。

根据以上数据及拟合结果分析，本次实验区段内隧道结构振动响应规律预测模型采用幂函数形式更为符合实际，更有效、准确反映振动响应强度，因此实验区域内结构振动预测模型为：

$$v=(0.31\sim0.46)\cdot r^{-1.03\sim-0.63} \tag{2-4}$$

3 振动载荷作用下混凝土裂缝起裂-扩展机理实验研究

制备与隧道衬砌配合比相同的混凝土试件，利用霍普金森压杆实验对不同裂缝长度和宽度的混凝土试件进行加载实验，模拟混凝土裂缝动态破裂过程，借助高速摄像系统同步采集加载过程中裂缝起裂-扩展特征，对入射波、透射波和反射波强度、频率和波形特征进行分析，建立裂缝产状与振动波关键参数之间的关联关系。

3.1 实验设计

3.1.1 实验试样

分析检测区段地铁隧道衬砌的材料构成、配比与力学性质，选择相同材料及配比进行试件制备。裂缝检测结果表明，衬砌裂缝以横向分布为主。设计并浇筑直径为 50 mm，高为 25 mm 的圆柱体混凝土试件，养护 30 d 后在试件中部切割预制裂隙，设置裂缝长度为 10 mm 和 20 mm；裂缝宽度为 0.3 mm 和 0.5 mm。预制裂缝倾角示意图如图 3-1 所示。

为了满足 SHPB 实验均匀性假定同时减小摩擦效应的影响，使用打磨机对试件两个端面和四周进行打磨，控制试件直径和厚度误差均小于 1 mm，试件端面不平行度和不垂直度均在±0.02 mm 以内。为了进一步讨论振动载荷方向的影响，本次冲击实验取试件的预制裂隙与加载方向夹角分别为 0°、30°、45°、60°和 90°共 5 种情况。

为了消除混凝土试件在制备过程中产生的误差，以及预防在实验过程中产生的意外情况，为每种类型预制裂隙制作 2 个试件，然后对试件进行编号，命名规则为裂缝长度-裂缝宽度-加载角度-试件序号，例如 10-0.3-60-1 代表预制裂缝长度为 10 mm，裂缝宽度为 0.3 mm，加载角度为 60°，试件序号为 1。对试件进行称重和尺寸测量，利用如图 3-2 所示的超声波探测仪对试件的纵波波速测试，得到的基本物理参数如表 3-1 所示。

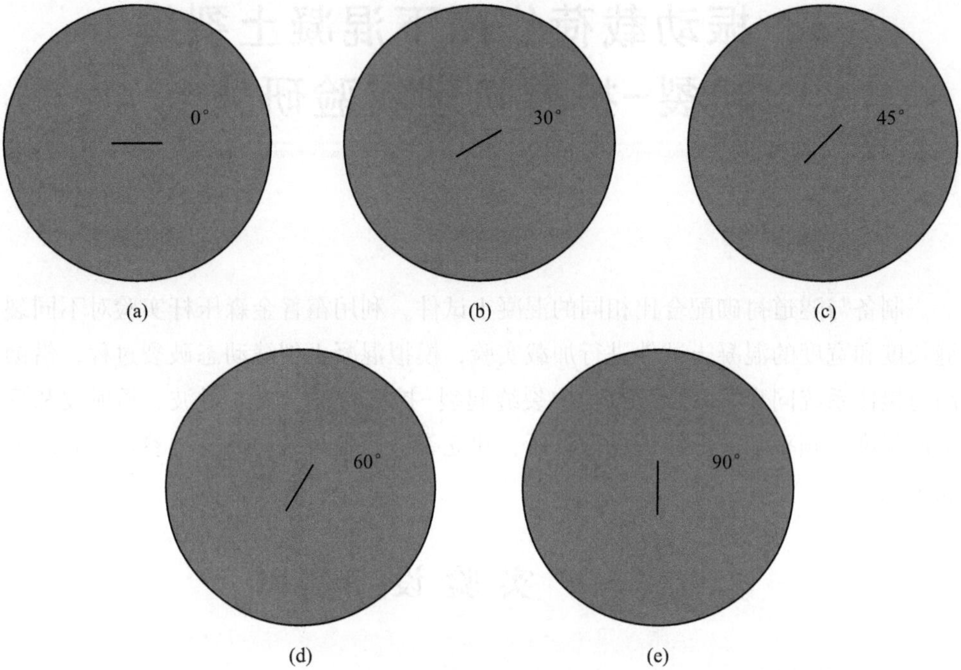

图 3-1　预制裂缝倾角示意图

(a) 0°；(b) 30°；(c) 45°；(d) 60°；(e) 90°

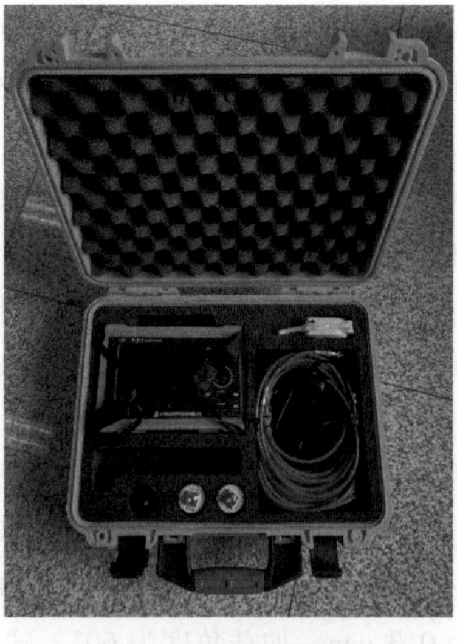

图 3-2　超声波探测仪

表 3-1 试件类型及基本物理参数

编号	裂缝长度/mm	裂缝宽度/mm	角度/(°)	质量/g	高度/mm	直径/mm	波速/(m·s^{-1})
10-0.3-0-1	10	0.3	0	88.75	24.81	49.16	3710
10-0.3-0-2			0	88.43	24.94	49.76	3540
10-0.3-30-1			30	87.16	24.84	49.21	3440
10-0.3-30-2			30	88.18	24.97	49.03	3510
10-0.3-45-1			45	87.12	24.9	49.49	3470
10-0.3-45-2			45	86.4	24.95	49.57	3470
10-0.3-60-1			60	87.68	24.98	49.21	3610
10-0.3-60-2			60	86.94	24.9	49.74	3470
10-0.3-90-1			90	87.55	24.93	49.49	3540
10-0.3-90-2			90	92.73	24.94	49.42	3710
10-0.5-0-1	10	0.5	0	91.3	25.02	49.58	3680
10-0.5-0-2			0	89.26	24.91	49.57	3750
10-0.5-30-1			30	95.24	24.94	50.02	3750
10-0.5-30-2			30	88.48	24.92	49.94	3640
10-0.5-45-1			45	87.83	25.11	49.45	3510
10-0.5-45-2			45	83.79	24.84	48.94	3380
10-0.5-60-1			60	90.8	24.92	49.79	3510
10-0.5-60-2			60	85.91	25.11	49.69	3440
10-0.5-90-1			90	90.31	25.06	49.8	3750
10-0.5-90-2			90	87.78	24.9	49.8	3570
20-0.3-0-1	20	0.3	0	90.75	24.87	49.37	3610
20-0.3-0-2			0	87.74	24.92	48.92	3510
20-0.3-30-1			30	92.53	24.95	49.94	3710
20-0.3-30-2			30	87.42	24.86	49.7	3510
20-0.3-45-1			45	85.32	25.01	49.51	3410
20-0.3-45-2			45	91.98	24.95	49.58	3750
20-0.3-60-1			60	87.91	24.94	49.3	3470
20-0.3-60-2			60	85.9	24.89	49.68	3410
20-0.3-90-1			90	88.84	24.88	49.61	3510
20-0.3-90-2			90	87.71	24.88	49.68	3570

续表 3-1

编号	裂缝长度 /mm	裂缝宽度 /mm	角度 /(°)	质量 /g	高度 /mm	直径 /mm	波速 /(m·s^{-1})
20-0.5-0-1	20	0.5	0	91.21	24.83	49.79	3680
20-0.5-0-2			0	88.33	24.86	49.69	3510
20-0.5-30-1			30	89.2	25.13	49.33	3680
20-0.5-30-2			30	90.5	24.84	49.95	3640
20-0.5-45-1			45	88.89	24.84	49.6	3640
20-0.5-45-2			45	85.78	24.81	50.16	3470
20-0.5-60-1			60	93.19	24.89	49.38	3750
20-0.5-60-2			60	86.7	24.87	49.26	3510
20-0.5-90-1			90	86.63	24.83	50.03	3510
20-0.5-90-2			90	94.19	24.9	49.23	3870

每种工况的试件 2 块，各种工况裂隙与冲击杆布置状态如图 3-3～图 3-6 所示。

3.1.2 实验系统

对不同预制裂隙的巴西圆盘试件在压杆直径为 50 mm 的分离式霍普金森压杆（Splitting Hopkinson Pressure Bar，SHPB）实验装置上进行径向冲击加载。SHPB 实验装置主要由主体设备、能源系统、测试系统三大部分组成。主体设备包括：发射装置、发射炮管、射弹、吸能装置、杆件及其调整支架、操纵台等；能源系统包括：空气压缩机、高压容器及管道；测试系统包括：弹速测试系统及动态应变测试系统。压杆材料为高强度合金，入射杆长 4500 mm，透射杆长 2500 mm，打击杆长 500 mm，弹性模量为 210 GPa，泊松比为 0.25～0.3，纵波速度为 5400 m/s，密度为 7850 kg/m^3。利用空气加压给打击杆加速并使用激光测速仪测量打击杆撞击的速度。此外，采用紫铜与橡胶片组合的方法对波形整形，消除压杆上的波头振荡和波形弥散现象。通过高速摄像机来拍摄巴西圆盘试件在冲击过程中的表面变化和破裂过程，试件安置好后综合考虑相片分辨率、拍摄频率，调整相机位置。配置高速摄像机的 SHPB 实验系统如图 3-7 所示。

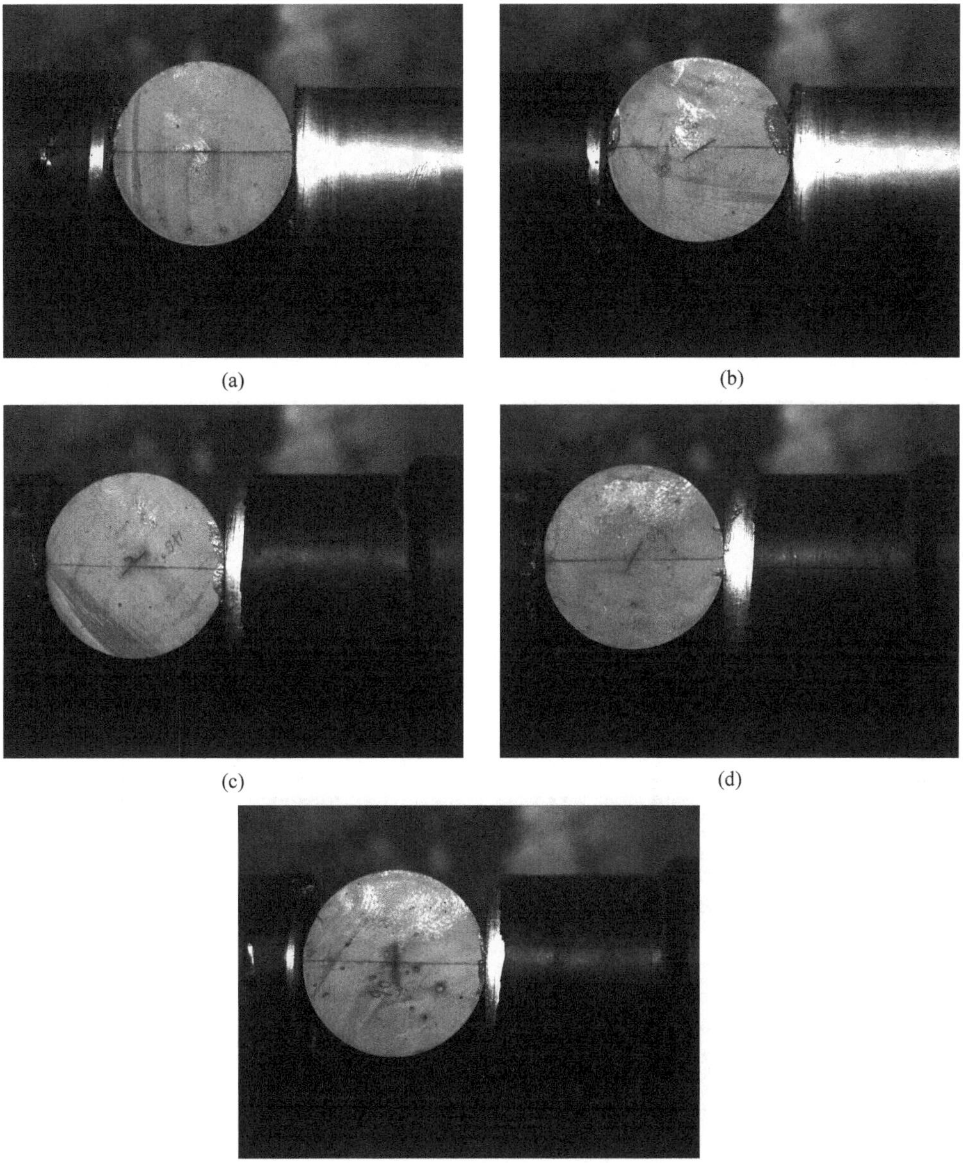

(a) (b) (c) (d) (e)

图 3-3 裂隙分布图（长度 10 mm、宽度 0.3 mm）

（a）10-0.3-0；（b）10-0.3-30；（c）10-0.3-45；（d）10-0.3-60；（e）10-0.3-90

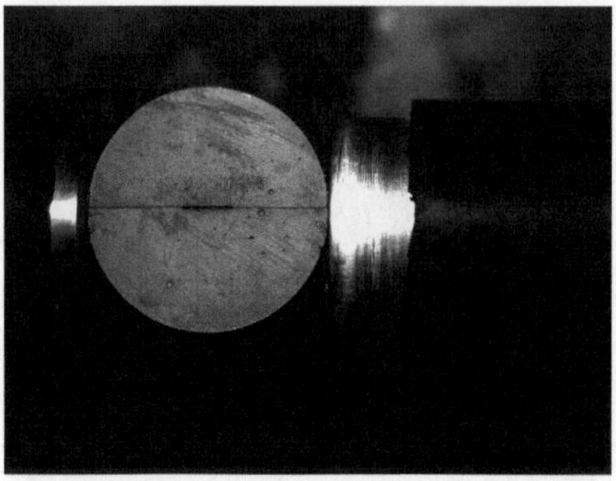

(a)

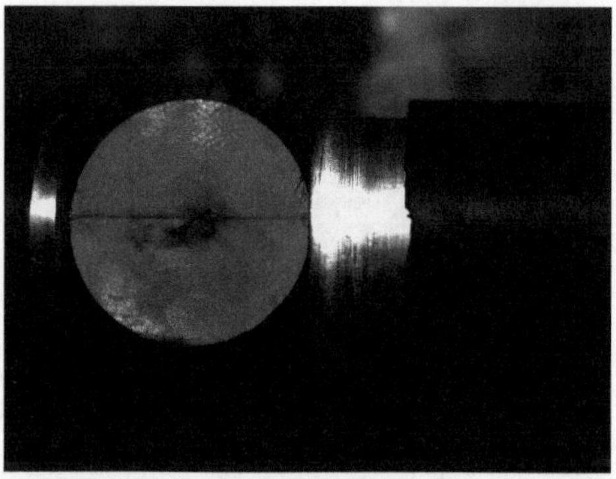

(b)

(c)

(d)

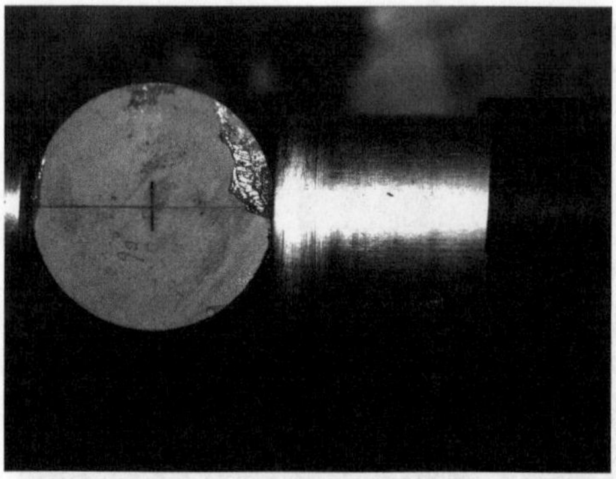

(e)

图 3-4　裂隙分布图（长度 10 mm、宽度 0. 5 mm）

（a）10-0. 5-0；（b）10-0. 5-30；（c）10-0. 5-45；（d）10-0. 5-60；（e）10-0. 5-90

(a)

(b)

(c)

(d)

(e)

图 3-5 裂隙分布图（长度 20 mm、宽度 0.3 mm）

（a）20-0.3-0；（b）20-0.3-30；（c）20-0.3-45；（d）20-0.3-60；（e）20-0.3-90

(a)

(b)

(c)

(d)

(e)

图 3-6 裂隙分布图（长度 20 mm、宽度 0. 5 mm）
（a）20-0. 5-0；（b）20-0. 5-30；（c）20-0. 5-45；（d）20-0. 5-60；（e）20-0. 5-90

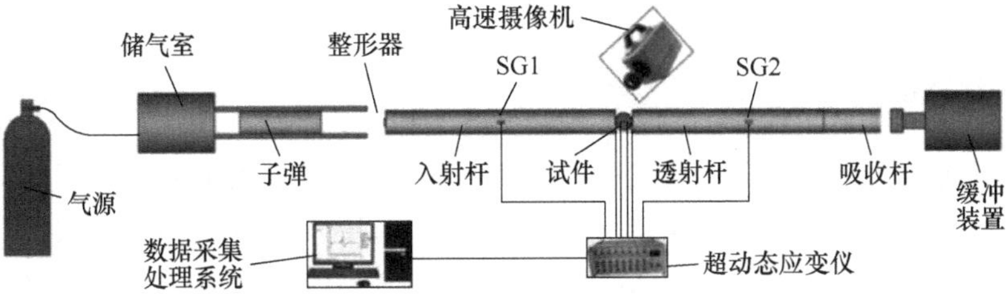

图 3-7 配置高速摄像机的 SHPB 实验系统

实验前，在巴西圆盘试件和杆件的两个接触面分别均匀涂抹一薄层凡士林，以减小端面摩擦效应的影响，然后将试件置于入射杆和透射杆之间。入射杆和透射杆上各粘贴有高灵敏度的半导体应变片，压杆和试件上应变片监测到的应变信号实时通过超动态仪传输到电脑终端，以实时记录杆上的变形状况。根据一维应力波理论，子弹撞击入射杆，将在入射杆撞击端形成一维压缩应力波并在入射杆传播，当入射波 ε_i 传播至入射杆—试件界面处，部分入射波将反射回入射杆形成反射波 ε_r，剩下的将沿试件传播至透射杆形成透射波 ε_t。入射波、反射波和透射波分别由粘贴在杆件中部的一对应变片连接超动态应变采集仪进行采集，现场实验设备如图 3-8 所示。

图 3-8 冲击动力学实验系统

3.2　实验结果与分析

3.2.1　动态应力平衡验证

巴西圆盘试件冲击实验加载示意图如图 3-9 所示。根据国际岩石力学与岩石工程学会 ISRM 建议的测试方法，采用波形整形技术能够提高加载波上升沿时间，有利于实现实验过程中试件两端的受力平衡，并且能够消除波形振荡、减小弥散效应的影响。实验选用紫铜片和橡胶片进行波形整形，实验过程中，将整形器置于入射杆前端，子弹撞击整形器在入射杆产生半正弦加载波。试件两端的力 p_1、p_2 可以根据下式计算得到：

$$\begin{cases} p_1 = AE(\varepsilon_i + \varepsilon_r) \\ p_2 = AE\varepsilon_t \end{cases} \tag{3-1}$$

式中，A 和 E 分别为杆件的横截面积和弹性模量。

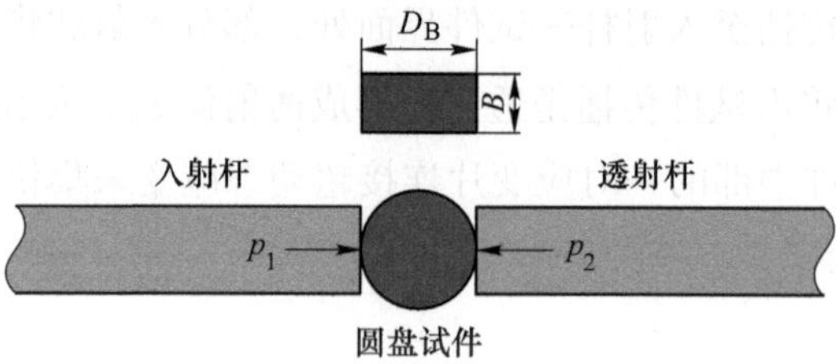

图 3-9　巴西圆盘试件冲击实验加载示意图

图 3-10 为不同类型试样的典型动态应力平衡图，从图中可见，透射波和入射波+反射波叠加曲线基本重叠，表明试样在动态加载过程中特别是试样达到峰值应力之前基本处于应力平衡状态，试件满足平衡加载要求。该方法可用于检测本次实验所测试样加载过程中是否满足应力平衡。

3.2.2　不同倾角裂隙试件的波动特性

SHPB 系统是通过应力波在弹性杆内传递，使得入射杆和透射杆两端最终达到力的平衡，从而实现对试件加载。SHPB 实验通过入射杆和透射杆所贴应变片以电压-时间曲线形式输出结果，本次实验所测不同倾角预制裂隙试件实验结果如图 3-11 所示，图中为滤波处理后的电压信号值。将所测电压值换算成力，通过三波法即可计算得到各杆端所受的力。

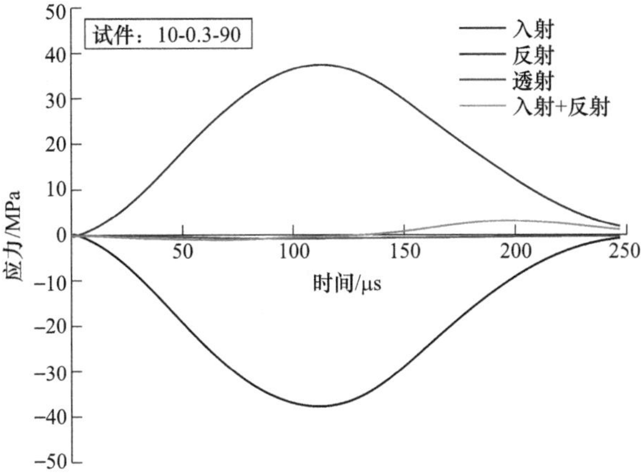
试件：10-0.3-90
入射
反射
透射
入射+反射
应力/MPa
时间/μs
50
40
30
20
10
0
−10
−20
−30
−40
−50
50
100
150
200
250

(a)

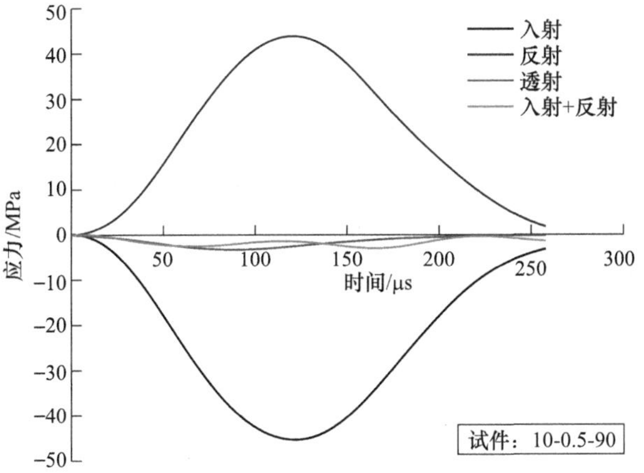
入射
反射
透射
入射+反射
试件：10-0.5-90
应力/MPa
时间/μs
50
40
30
20
10
0
−10
−20
−30
−40
−50
50
100
150
200
250
300

(b)

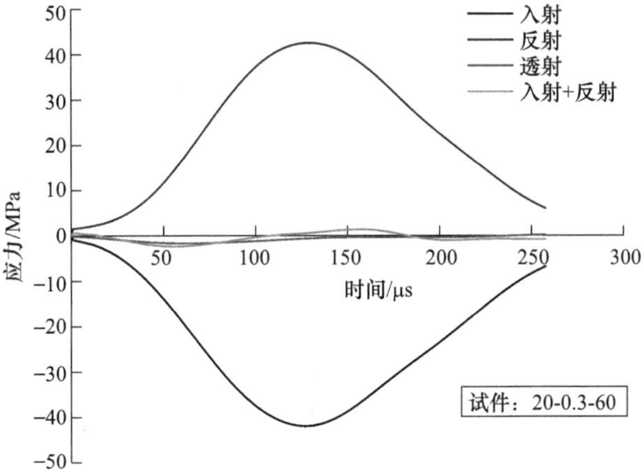
入射
反射
透射
入射+反射
试件：20-0.3-60
应力/MPa
时间/μs
50
40
30
20
10
0
−10
−20
−30
−40
−50
50
100
150
200
250
300

(c)

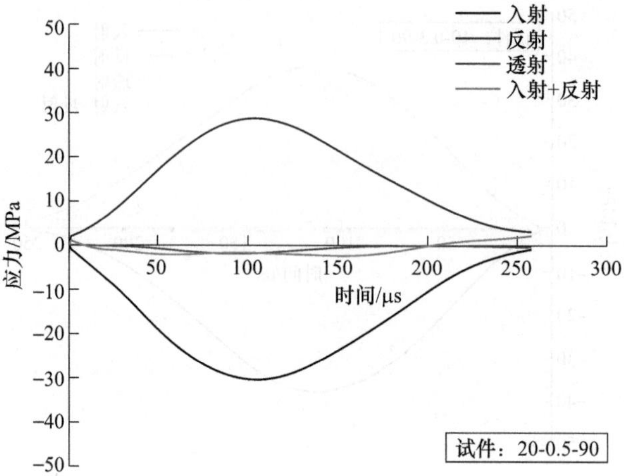

(d)

彩图

图 3-10　典型预制裂隙试件动态受力平衡验证

（a）10-0. 3；（b）10-0. 5；（c）20-0. 3；（d）20-0. 5

由于目前的实验装置无法精确设定每次的撞击速度，故无法保证每次的入射波幅完全相等。因此，选择波幅近似相等的应力波入射预制裂隙试件，预制裂隙角度为 0°、30°、45°、60°和 90°，反射波和透射波电压值随时间 t 的变化关系如图 3-11 所示 。从图 3-11 可以看出，在近似入射波幅条件下，不同裂隙倾角圆盘试件的反射波存在较大差异。对于 10-0. 3 预制裂隙试件，反射波幅值从大到小依次为 90°>30°>0°>45°>60°；对于 10-0. 5 预制裂隙试件，反射波幅值从大到小依次为 30°>45°>90°>60°>0°；对于 20-0. 3 预制裂隙试件，反射波幅值从大到小依次为 30°>90°>60°>45°>0°；对于 20-0. 5 预制裂隙试件，反射波幅值从大到小

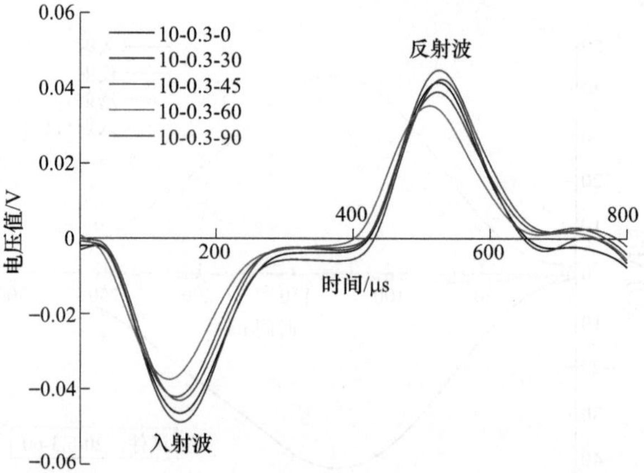

(a)

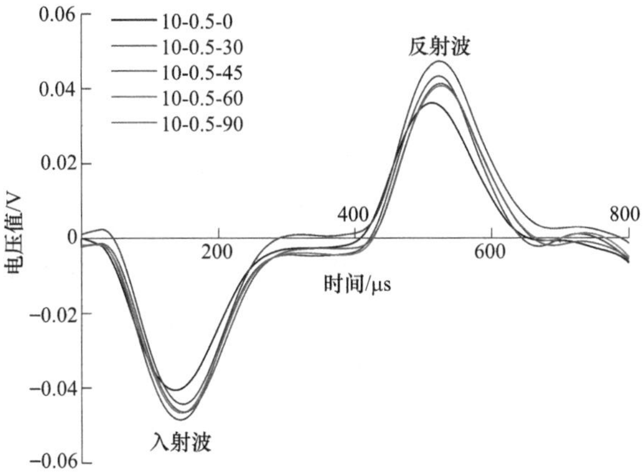

(b)

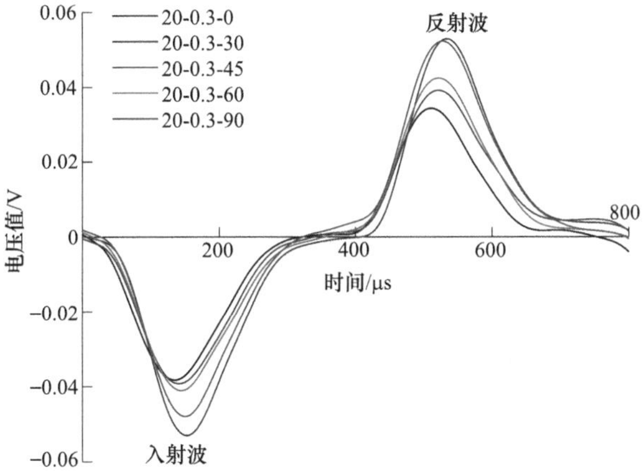

(c)

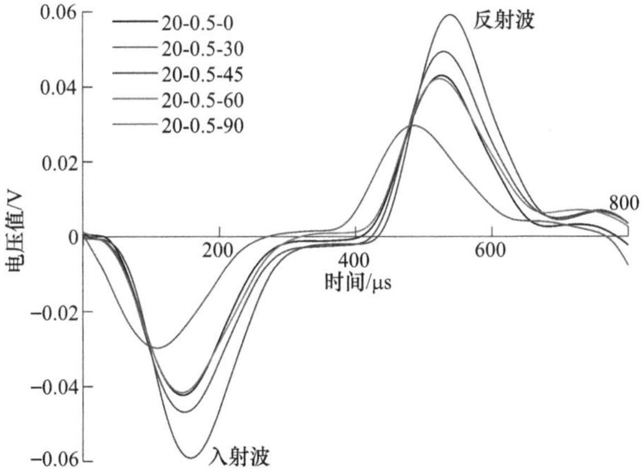

(d)

彩图

图 3-11 不同倾角预制裂隙试件入射波与反射波曲线

(a) 10-0.3；(b) 10-0.5；(c) 20-0.3；(d) 20-0.5

依次为 30°>45°>0°>60°>90°。总体而言，倾角为 30°试件的反射波波幅相对最大，倾角为 0°试件的反射波波幅相对较小。

不同倾角预制裂隙试件透射波曲线如图 3-12 所示。从图 3-12 可以看出，在冲击荷载作用下，一维弹性应力波通过圆盘试件中不同角度的预制裂隙将发生不同程度的衰减。对于 10-0. 3 预制裂隙试件，透射波幅值从大到小依次为 45°>30°>0°>90°>60°；对于 10-0. 5 预制裂隙试件，透射波幅值从大到小依次为 0°>90°>30°>45°>60°；对于 20-0. 3 预制裂隙试件，透射波幅值从大到小依次为 0°>30°>90°>45°>60°；对于 20-0. 5 预制裂隙试件，透射波幅值从大到小依次为 0°>45°>30°>90°>60°。对于不同裂缝长度和裂缝宽度的预制裂隙圆盘试件，倾角为 0°试件的透射波波幅相对最大，而倾角为 60°试件的透射波波幅相对最小。原因

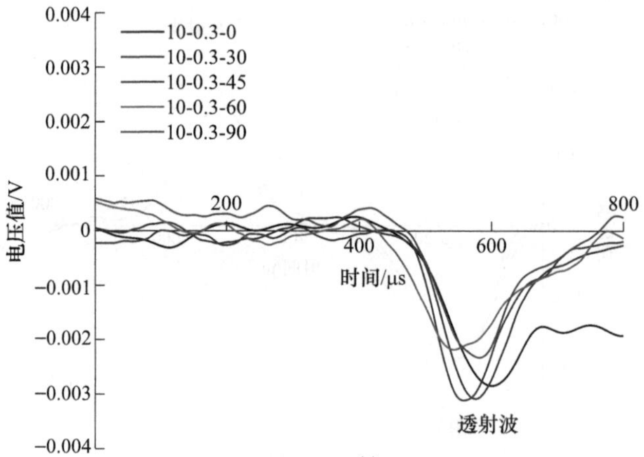

(a)

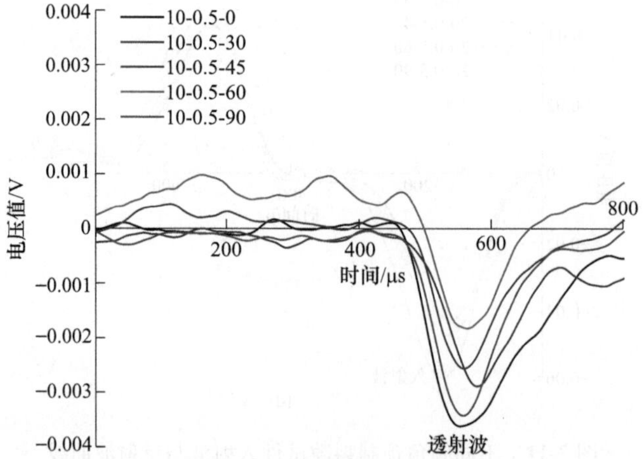

(b)

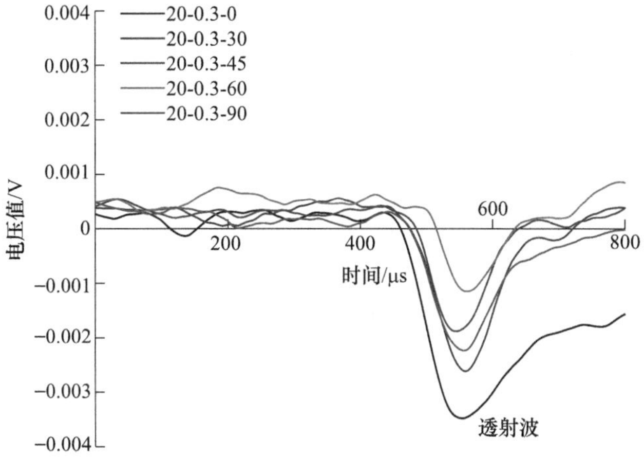

(c)

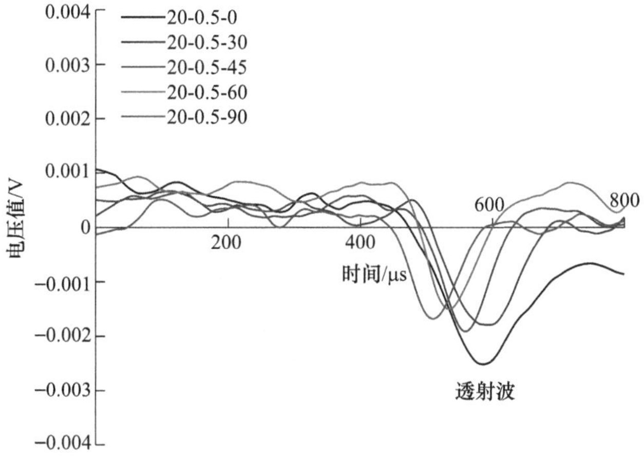

(d)

图 3-12　不同倾角预制裂隙试件透射波曲线

（a）10-0. 3；（b）10-0. 5；（c）20-0. 3；（d）20-0. 5

彩图

在于，当预制裂隙倾角为 0°时，预制裂隙面与应力波传播方向一致，冲击波耗散较少，因此透射波波幅较大；当预制裂隙倾角为 60°时，冲击波耗散较多，说明当应力波传播方向与预制裂隙夹角为 60°时试件最容易发生破坏。

3. 2. 3　动态应力-应变关系

SHPB 实验的基本原理是基于弹性杆中弹性应力波的传播理论，该理论建立在两个基本假定的基础上，即一维假定和应力均匀假定。一维假定认为应力波在弹性杆中传播时，弹性杆中的每个横截面始终保持平面状态；应力均匀假定认为应力波在试样中反复 2~3 个来回，试样中的应力处处相等。根据应力均匀假定，采用三波法，可得到材料的动态应力-应变关系：

$$\begin{cases} \dot{\varepsilon}(t) = \dfrac{c}{l_s}(\varepsilon_i - \varepsilon_r - \varepsilon_t) \\ \varepsilon(t) = \dfrac{c}{l_s}\int_0^t (\varepsilon_i - \varepsilon_r - \varepsilon_t)\mathrm{d}t \\ \sigma(t) = \dfrac{A}{2A_s}E(\varepsilon_i + \varepsilon_r + \varepsilon_t) \end{cases} \tag{3-2}$$

式中　E，c，A——分别为压杆的弹性模量、弹性波波速和横截面积；

A_s，l_s——分别为试样的初始横截面积和初始长度；

ε_i，ε_r，ε_t——分别为杆中的入射应变、反射应变、透射应变。

不同倾角预制裂隙试件应力-应变曲线如图 3-13 所示，不同倾角裂隙试件峰值应力随加载角度的变化如图 3-14 所示。可以看出，不同预制裂隙试件的应力-应变曲线受加载角度影响较大。对于 10-0. 3 预制裂隙试件，峰值应力从大到小依次为 30°>45°>0°>90°>60°；对于 10-0. 5 预制裂隙试件，峰值应力从大到小依次为 0°>90°>45°>30°>60°；对于 20-0. 3 预制裂隙试件，峰值应力从大到小依次为 0°>30°>90°>45°>60°；对于 20-0. 5 预制裂隙试件，峰值应力从大到小依次为 0°>45°>30°>60°>90°。可以看出，峰值应力的变化规律基本与透射波幅值变化规律相一致。根据应力-应变曲线的总体变化规律，对于不同裂缝长度和裂缝宽度的预制裂隙圆盘试件，倾角为 0°试件的峰值应力相对最大，而倾角为 60°试件的峰值应力相对最小。进一步验证了当应力波传播方向与预制裂隙夹角为 60°时试件最容易发生破坏，在相对较小的应力作用下，试件即可发生破坏。

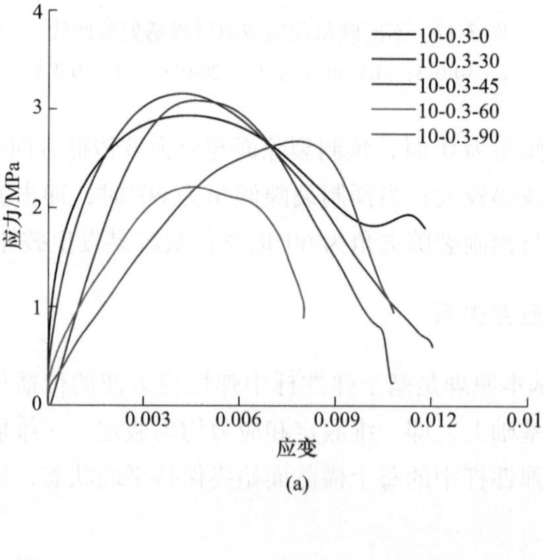

(a)

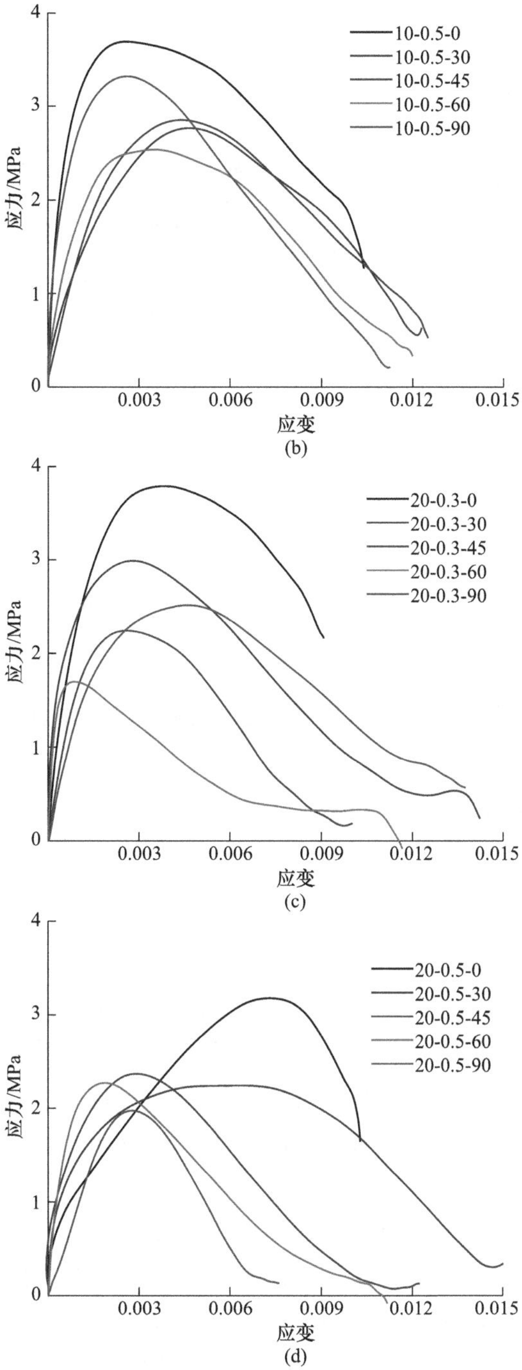

彩图

图 3-13　不同倾角预制裂隙试件应力-应变曲线

（a）10-0.3；（b）10-0.5；（c）20-0.3；（d）20-0.5

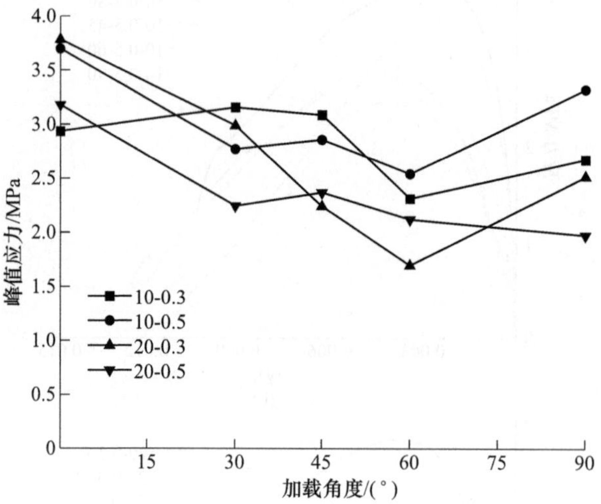

图 3-14　不同倾角裂隙试件峰值应力变化曲线

3.3　破坏过程及破坏形式分析

3.3.1　不同倾角裂隙试件的起裂破坏特征

3.3.1.1　预制裂隙长度 10 mm、宽度 0.3 mm

通过高速摄像机对圆盘试件 SHPB 冲击破坏实验的全过程进行拍摄，获取试件在冲击作用下的破坏过程。冲击作用下含裂隙试件破裂主要形态为由预制裂隙端部起裂，裂纹沿载荷方向扩展，在扩展过程中会产生次数裂纹，并扩展至试件端部形成贯通破裂，致使试件整体失稳破坏。通过高速摄像机捕捉新生裂纹的扩展-贯通演化过程，其中裂隙长度 10 mm、宽度 0.3 mm 的混凝土试件的破坏演化过程如图 3-15～图 3-19 所示。

以上试件预制裂隙长度 10 mm，宽度 0.3 mm，当裂隙与载荷方向夹角 $\beta=0°$ 时，如图 3-15 所示，冲击载荷作用下，裂隙尖端首先产生起裂破坏，起裂裂纹与预制裂隙夹角即起裂角 θ 近似为 0°，裂纹由裂隙端部快速延伸至试件一端，形成贯通裂缝，同时在其他方向，也产生了次生裂纹，使试件发生张拉破坏。当夹角 $\beta=30°$ 时，起裂裂纹同样由裂隙端部产生并延伸至试件端部形成贯通裂缝，起裂角 θ 约为 26°。当夹角 $\beta=45°$ 时，起裂裂纹与裂隙夹角成 35°向载荷方向扩展，

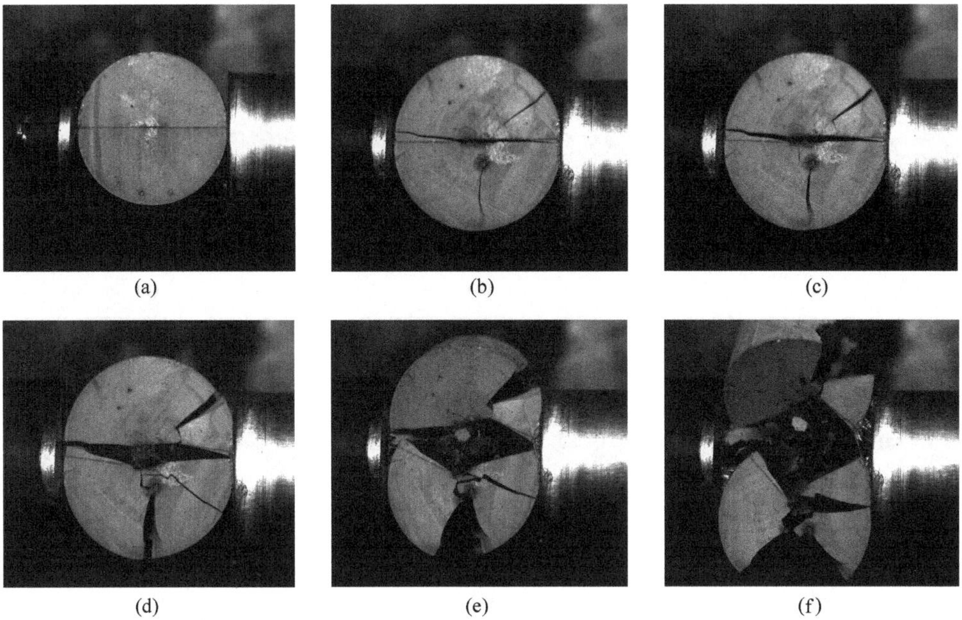

图 3-15 冲击破坏演化过程（长度 10 mm，宽度 0.3 mm，倾角 0°）
（a）第一阶段；（b）第二阶段；（c）第三阶段；（d）第四阶段；（e）第五阶段；（f）第六阶段

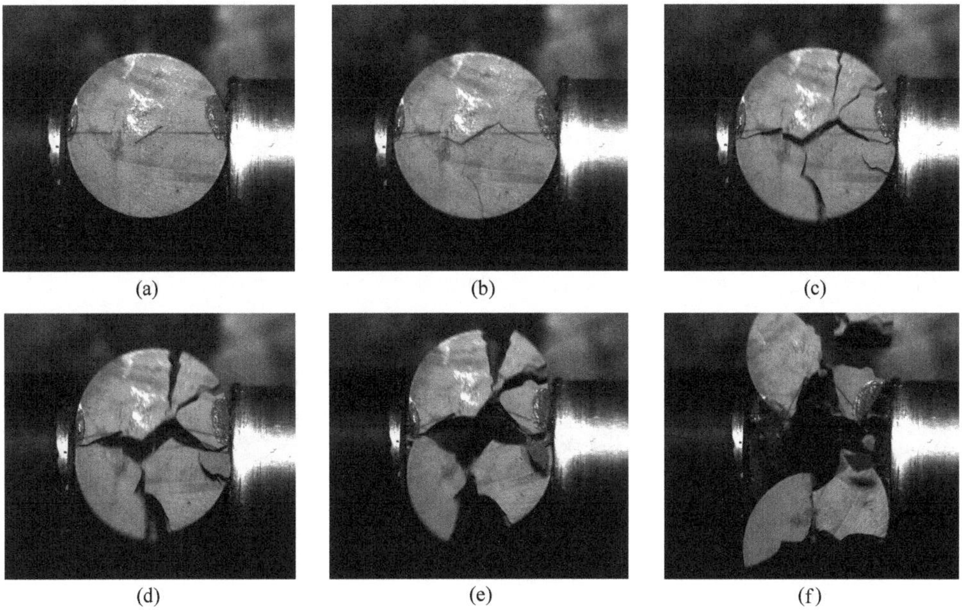

图 3-16 冲击破坏演化过程（长度 10 mm，宽度 0.3 mm，倾角 30°）
（a）第一阶段；（b）第二阶段；（c）第三阶段；（d）第四阶段；（e）第五阶段；（f）第六阶段

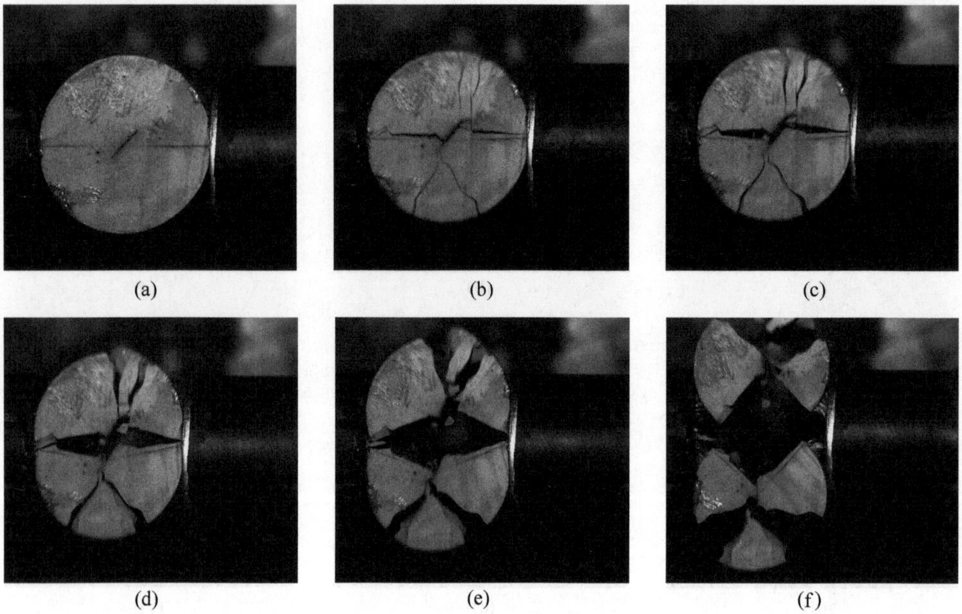

图 3-17　冲击破坏演化过程（长度 10 mm，宽度 0.3 mm，倾角 45°）

（a）第一阶段；（b）第二阶段；（c）第三阶段；（d）第四阶段；（e）第五阶段；（f）第六阶段

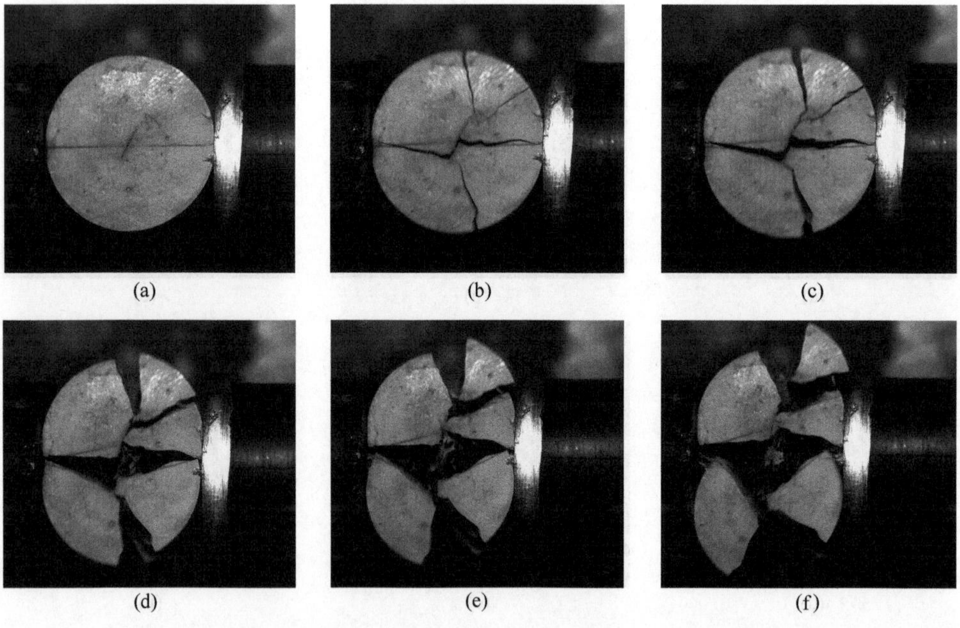

图 3-18　冲击破坏演化过程（长度 10 mm，宽度 0.3 mm，倾角 60°）

（a）第一阶段；（b）第二阶段；（c）第三阶段；（d）第四阶段；（e）第五阶段；（f）第六阶段

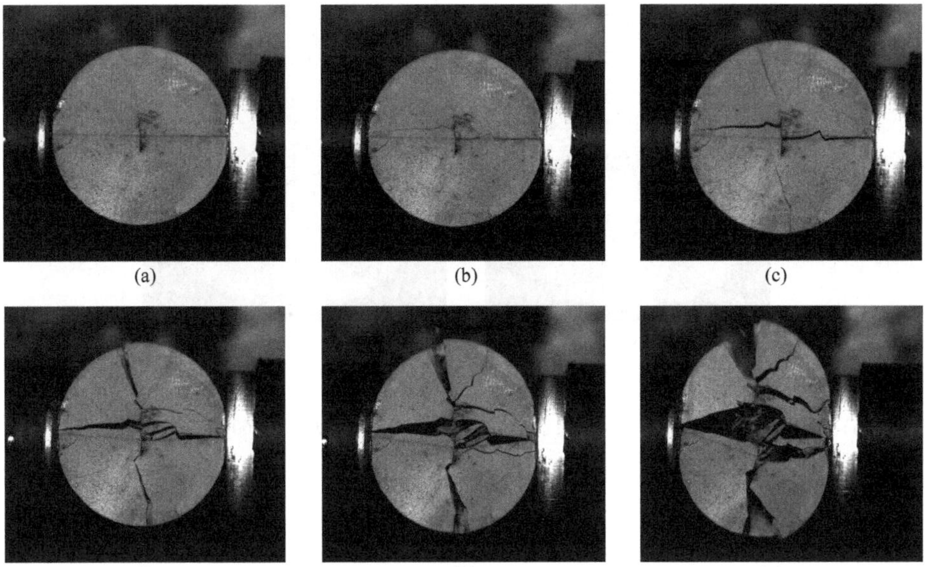

(a) (b) (c)

(d) (e) (f)

图 3-19 冲击破坏演化过程（长度 10 mm，宽度 0.3 mm，倾角 90°）

（a）第一阶段；（b）第二阶段；（c）第三阶段；（d）第四阶段；（e）第五阶段；（f）第六阶段

同时沿裂隙方向产生两条主控裂纹，同样沿裂隙平行方向延伸至试件端部产生贯通破坏，此时试件起裂及破裂受两组裂纹控制，且作用程度相当。当夹角 $\beta=60°$ 时，起裂裂纹与裂隙夹角成 46°向载荷方向扩展，与 $\beta=45°$ 的试件类似，同时产生了沿裂隙尖端平行起裂的主控裂纹和在预制裂缝中部产生的裂纹，试件的破坏形式更加复杂。当夹角 $\beta=90°$ 时，起裂裂纹由一组主控裂纹控制，起裂裂纹在预制裂隙中部和中部偏上产生并延伸至试件两端，起裂裂纹与预制裂隙的夹角约为 90°，此工况中预制裂隙端部产生的裂纹并非主控裂纹，产生时效同样滞后，试件在主控裂纹的张拉应力作用下整体失稳破坏，如图 3-20 所示。

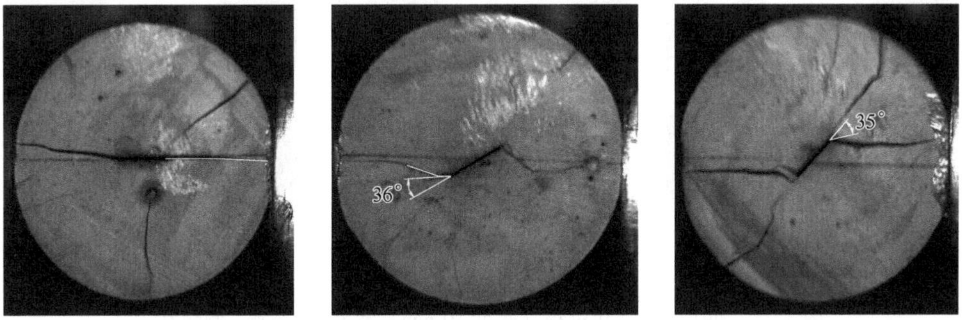

(a) (b) (c)

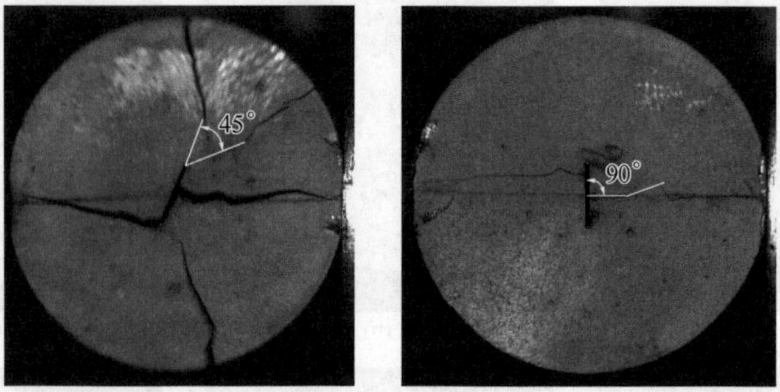

(d)　　(e)

图 3-20　起裂裂纹扩展形态

（a）夹角 $\beta=0°$；（b）夹角 $\beta=30°$；（c）夹角 $\beta=45°$；（d）夹角 $\beta=60°$；（e）夹角 $\beta=90°$

3.3.1.2　预制裂隙长度 10 mm，宽度 0.5 mm

裂隙长度 10 mm，宽度 0.5 mm 的混凝土试件的破坏演化过程如图 3-21～图 3-25 所示。

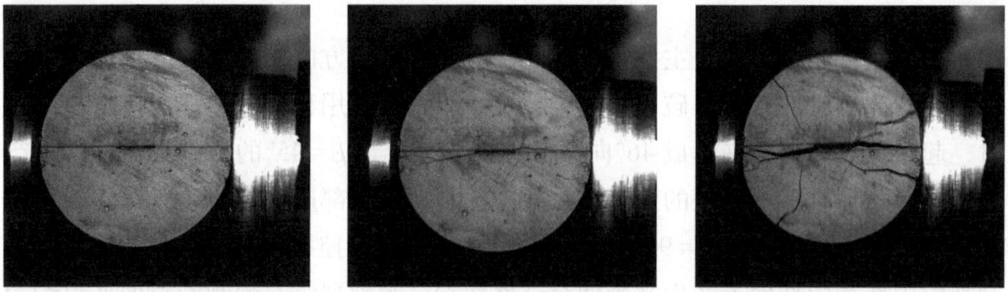

(a)　　(b)　　(c)

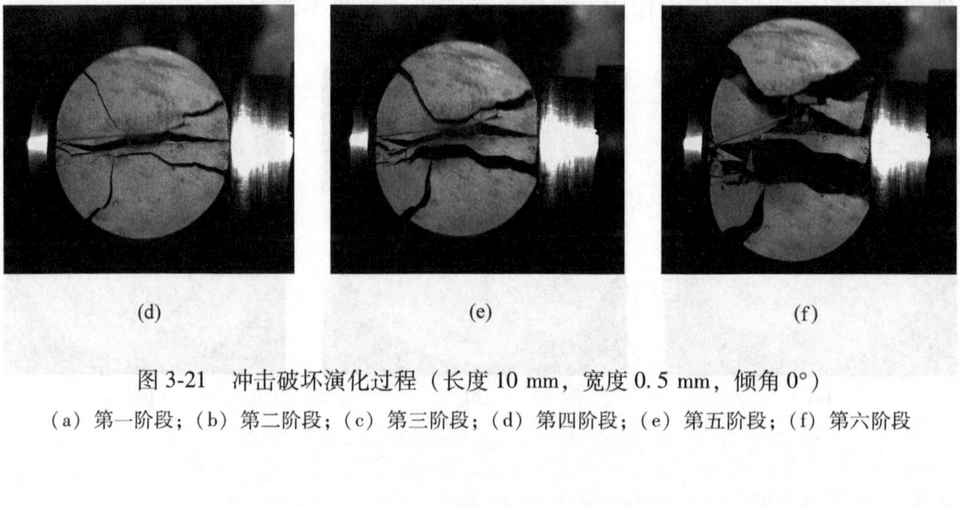

(d)　　(e)　　(f)

图 3-21　冲击破坏演化过程（长度 10 mm，宽度 0.5 mm，倾角 0°）

（a）第一阶段；（b）第二阶段；（c）第三阶段；（d）第四阶段；（e）第五阶段；（f）第六阶段

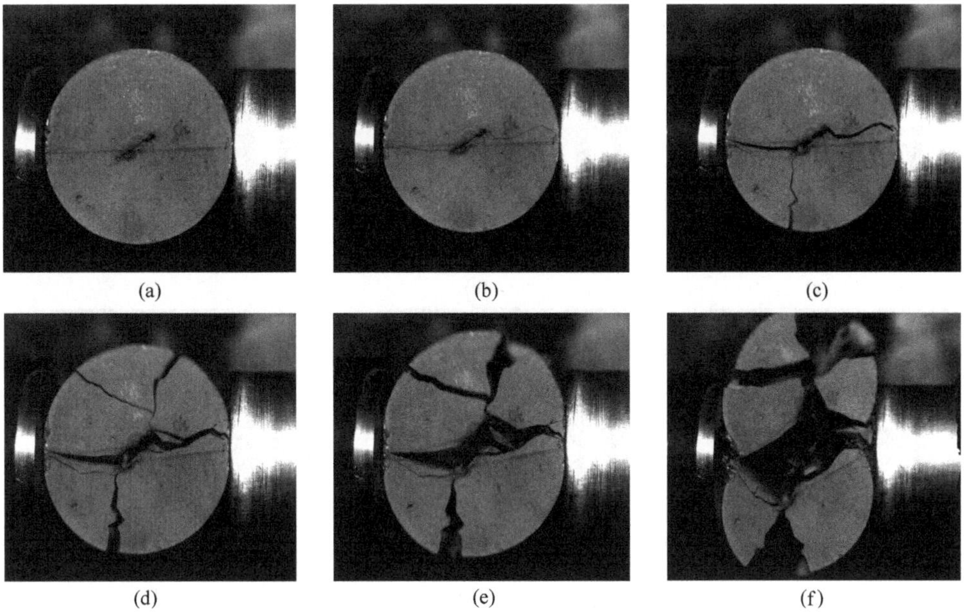

图 3-22 冲击破坏演化过程（长度 10 mm，宽度 0.5 mm，倾角 30°）

（a）第一阶段；（b）第二阶段；（c）第三阶段；（d）第四阶段；（e）第五阶段；（f）第六阶段

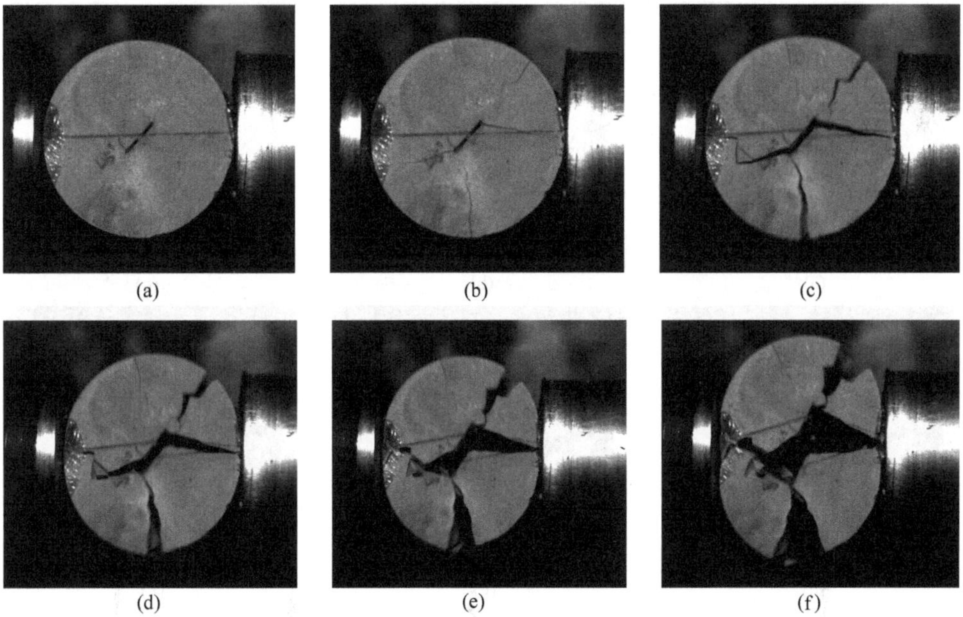

图 3-23 冲击破坏演化过程（长度 10 mm，宽度 0.5 mm，倾角 45°）

（a）第一阶段；（b）第二阶段；（c）第三阶段；（d）第四阶段；（e）第五阶段；（f）第六阶段

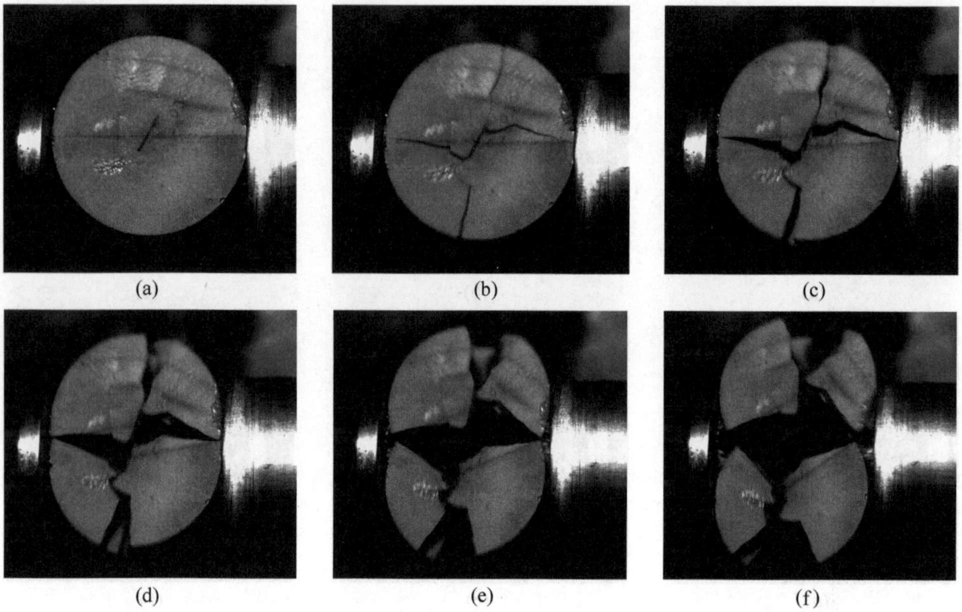

图 3-24　冲击破坏演化过程（长度 10 mm，宽度 0.5 mm，倾角 60°）
（a）第一阶段；（b）第二阶段；（c）第三阶段；（d）第四阶段；（e）第五阶段；（f）第六阶段

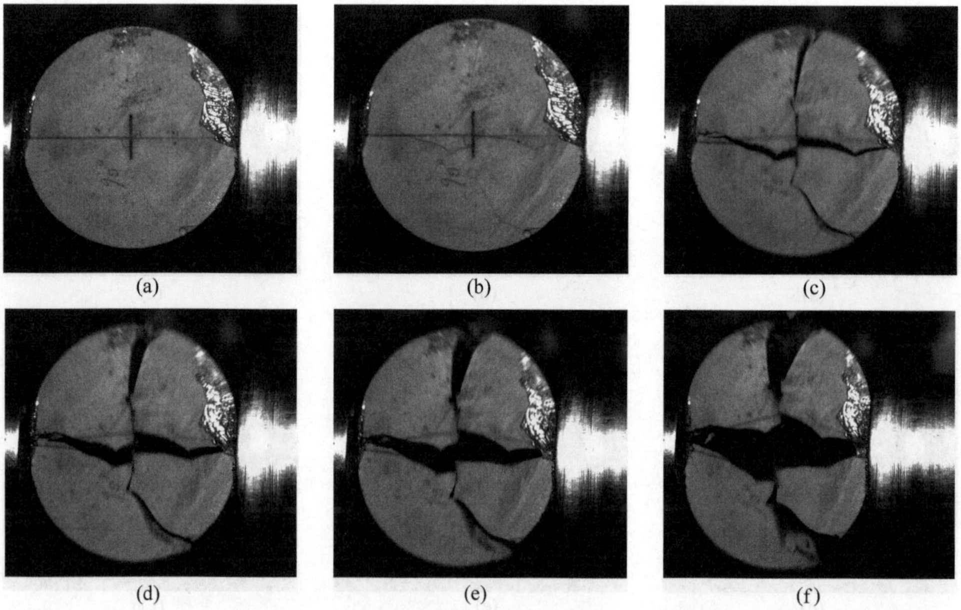

图 3-25　冲击破坏演化过程（长度 10 mm，宽度 0.5 mm，倾角 90°）
（a）第一阶段；（b）第二阶段；（c）第三阶段；（d）第四阶段；（e）第五阶段；（f）第六阶段

以上试件预制裂隙长度 10 mm，宽度 0.5 mm，当裂隙与载荷方向夹角 $\beta=0°$ 时，如图 3-26 所示，冲击载荷作用下，裂隙尖端首先产生起裂破坏，起裂裂纹与预制裂隙夹角即起裂角 θ 近似约为 10°，裂纹由裂隙端部快速延伸至试件一端，形成贯通裂缝，同时在其他方向，也产生了次生裂纹，次生裂纹同样快速扩展，共同产生贯通裂缝，致使试件发生张拉破坏。与裂隙长度 10 mm，宽度 0.3 mm 的试件相比，其破裂受三条破裂裂纹控制，而裂隙长度 10 mm，宽度 0.3 mm 的试件是受一条与预制裂隙方向一致的主裂纹控制。预制裂隙宽度增加，对试件的冲击特性产生了一定影响，起裂仍呈现端部起裂，但裂纹扩展及贯通过程更加剧烈。

当夹角 $\beta=30°$时，起裂裂纹同样由裂隙端部产生并延伸至试件端部形成贯通裂缝，起裂角 θ 约为 24°。此组试件的裂纹起裂-扩展-贯通过程，主裂纹和次生裂纹形态与预制裂隙长度 10 mm，宽度 0.3 mm 基本相同，破裂主要受裂隙端部的主裂纹控制，破坏过程中次生裂纹同样是发散状，次生裂纹对试件的破坏产生一定影响。

当夹角 $\beta=45°$时，起裂裂纹与裂隙夹角成 39°向载荷方向扩展，同时沿裂隙方向产生两条主控裂纹，同样沿裂隙平行方向延伸至试件端部产生贯通破坏，此时试件起裂及破裂受两组裂纹控制，且作用程度相当，此组试件的裂纹起裂-扩展-贯通形态与预制裂隙长度 10 mm、宽度 0.3 mm 基本相同。

当夹角 $\beta=60°$时，起裂裂纹与裂隙夹角成约 41°向载荷方向扩展，起裂裂纹由裂隙端部起裂，与裂隙长度 10 mm，宽度 0.3 mm 的试件起裂和破坏裂纹形态基本相同，试件受两组裂纹控制，两组裂纹呈十字形态。当夹角 $\beta=90°$时，起裂裂纹由一组主控裂纹控制，起裂裂纹在预制裂隙中部和中部偏上产生并延伸至试件两端，起裂裂纹与预制裂隙的夹角约为 90°，同样与裂隙长度 10 mm、宽度 0.3 mm 的试件破坏裂纹形态基本相同，试件破坏受两组裂纹控制，两组裂纹呈十字形态，此工况中预制裂隙端部产生的裂纹并非主控裂纹，产生时效同样滞后，试件在主控裂纹的张拉应力作用下整体失稳破坏，如图 3-26 所示。

3.3.1.3 预制裂隙长度 20 mm，宽度 0.3 mm

裂隙长度 20 mm，宽度 0.3 mm 的混凝土试件的破坏演化过程如图 3-27～图 3-31 所示。

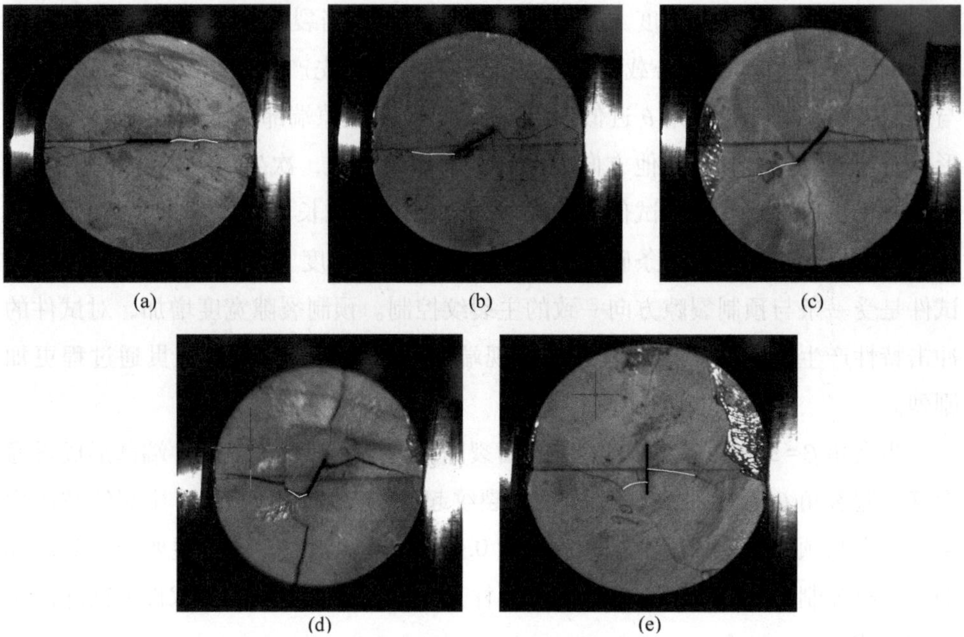

图 3-26 起裂裂纹扩展形态

（a）夹角 $\beta=0°$；（b）夹角 $\beta=30°$；（c）夹角 $\beta=45°$；（d）夹角 $\beta=60°$；（e）夹角 $\beta=90°$

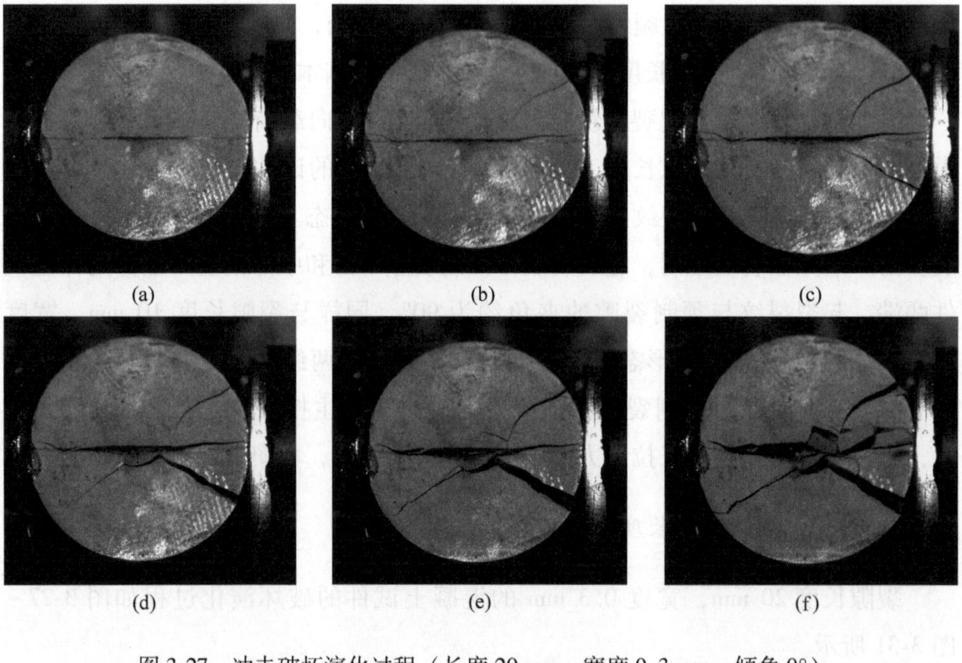

图 3-27 冲击破坏演化过程（长度 20 mm，宽度 0.3 mm，倾角 0°）

（a）第一阶段；（b）第二阶段；（c）第三阶段；（d）第四阶段；（e）第五阶段；（f）第六阶段

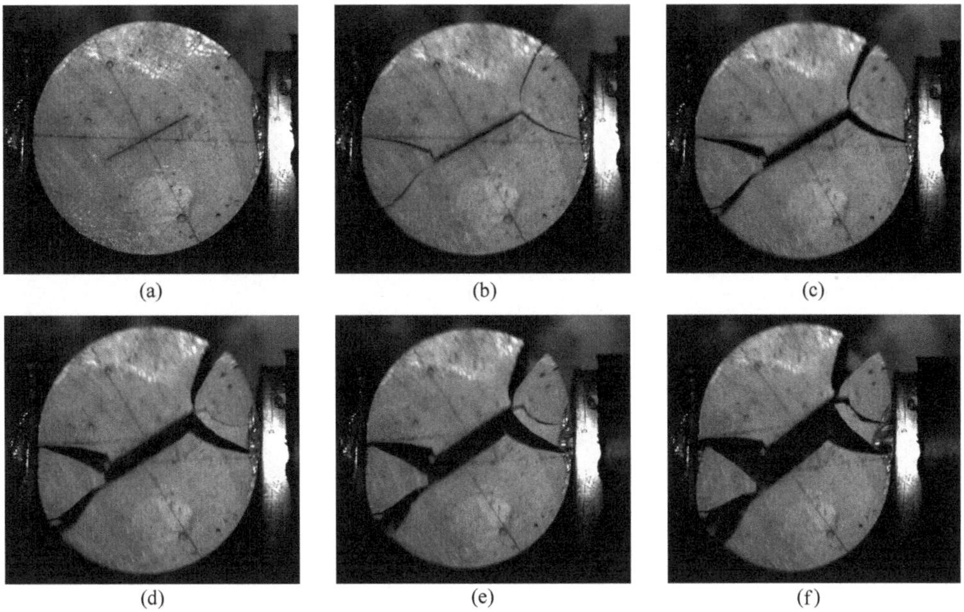

图 3-28 冲击破坏演化过程（长度 20 mm，宽度 0. 3 mm，倾角 30°）

（a）第一阶段；（b）第二阶段；（c）第三阶段；（d）第四阶段；（e）第五阶段；（f）第六阶段

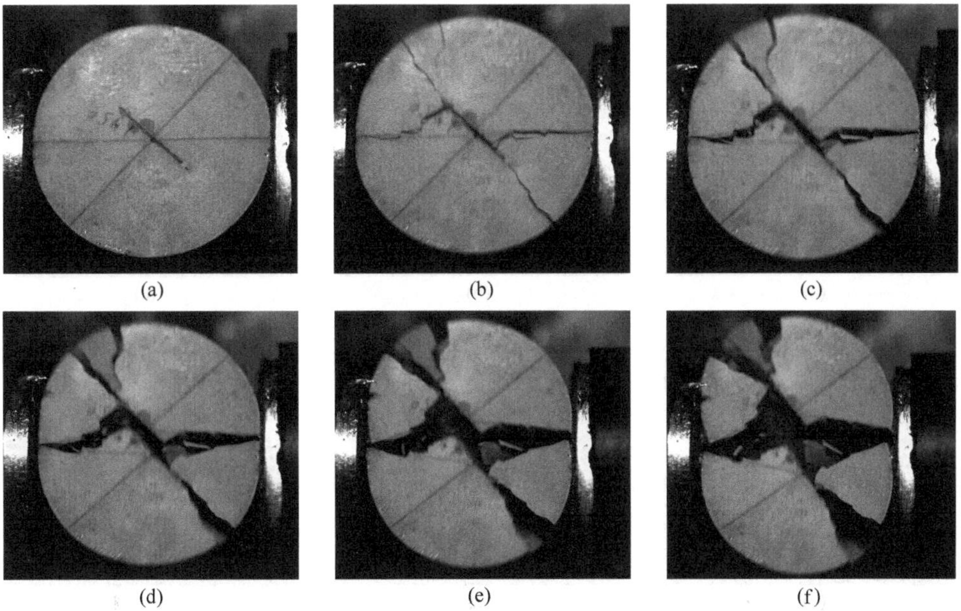

图 3-29 冲击破坏演化过程（长度 20 mm，宽度 0. 3 mm，倾角 45°）

（a）第一阶段；（b）第二阶段；（c）第三阶段；（d）第四阶段；（e）第五阶段；（f）第六阶段

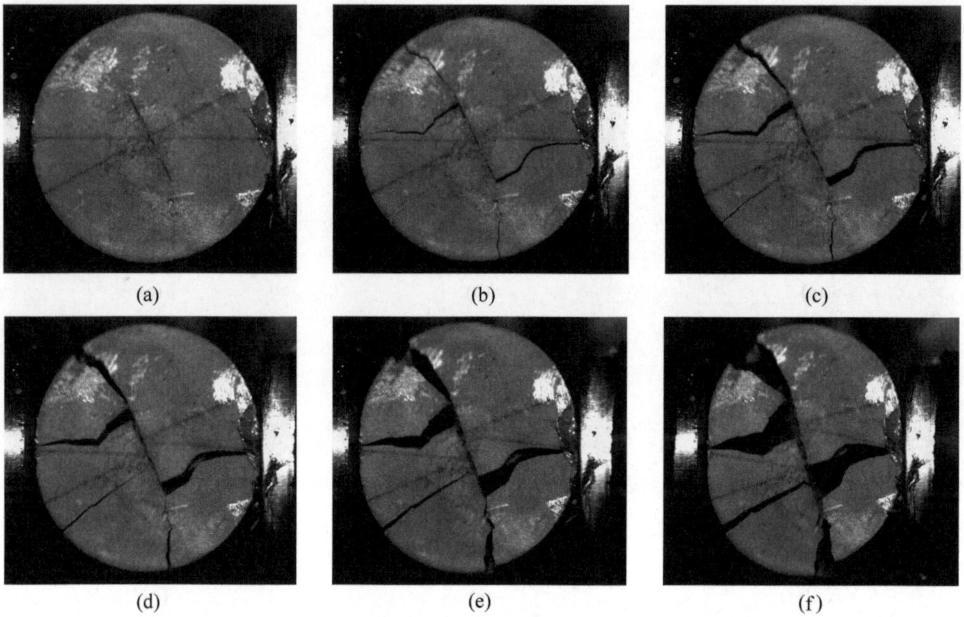

图 3-30　冲击破坏演化过程（长度 20 mm，宽度 0. 3 mm，倾角 60°）

（a）第一阶段；（b）第二阶段；（c）第三阶段；（d）第四阶段；（e）第五阶段；（f）第六阶段

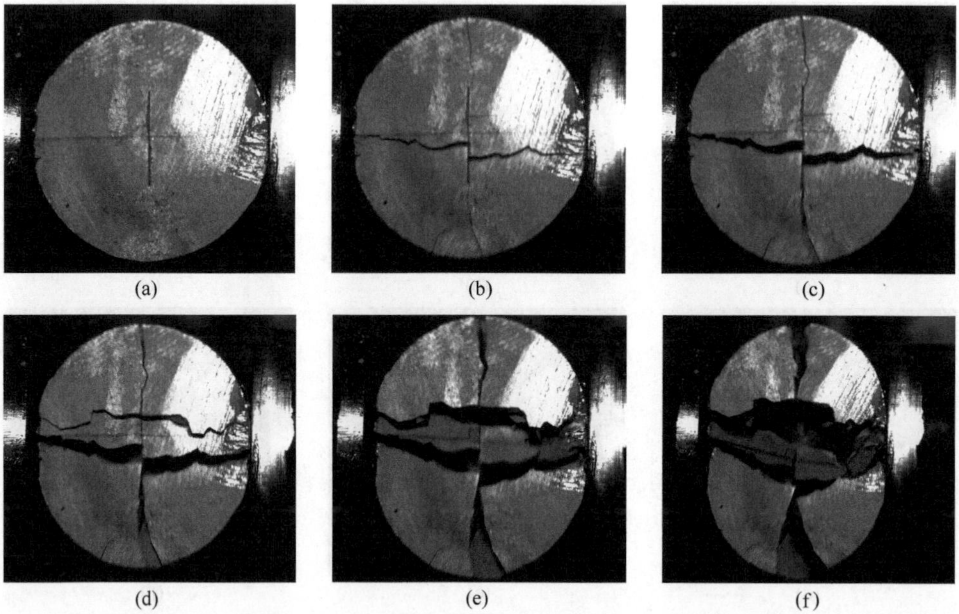

图 3-31　冲击破坏演化过程（长度 20 mm，宽度 0. 3 mm，倾角 90°）

（a）第一阶段；（b）第二阶段；（c）第三阶段；（d）第四阶段；（e）第五阶段；（f）第六阶段

以上试件预制裂隙长度 20 mm，宽度 0.3 mm，当裂隙与载荷方向夹角 $\beta=0°$ 时，如图 3-27 所示，冲击载荷作用下，裂隙尖端首先产生起裂破坏，起裂裂纹与预制裂隙夹角即起裂角 θ 近似约为 0°，裂纹由裂隙端部快速延伸至试件一端，形成贯通裂缝，同时在其他方向，也产生了次生裂纹，次生裂纹同样快速扩展，共同产生贯通裂缝，致使试件发生张拉破坏。与裂隙长度 10 mm，宽度 0.3 mm 的试件相比，试件同样是受一条与预制裂隙方向一致的主裂纹控制。预制裂隙长度增加，对试件的冲击特性产生了一定影响，起裂仍呈现端部起裂，但裂纹扩展及贯通过程更剧烈。

当夹角 $\beta=30°$ 时，起裂裂纹同样由裂隙端部产生并延伸至试件端部形成贯通裂缝，起裂角 θ 约为 17°。此组试件的裂纹起裂-扩展-贯通过程，主裂纹和次生裂纹形态与预制裂隙长度 10 mm，宽度 0.3 mm 基本相同，破裂主要受裂隙端部的主裂纹控制，破坏过程中次生裂纹同样是发散状，此组试件的次生裂纹较为集中，主要呈现为沿裂隙方向和一定角度的两组裂纹，试件破坏也较为规整，破坏后的试件块体较完整。

当夹角 $\beta=45°$ 时，起裂裂纹与裂隙夹角成 32° 向载荷方向扩展，同时沿裂隙方向产生两条主控裂纹，同样沿裂隙平行方向延伸至试件端部产生贯通破坏，此时试件起裂及破裂受两组裂纹控制，且作用程度相当，此组试件的裂纹起裂-扩展-贯通形态与预制裂隙长度 10 mm，宽度 0.3 mm 类似，次生裂纹数量相对较少，破坏后试件块体相对完整。

当夹角 $\beta=60°$ 时，起裂裂纹与裂隙夹角成约 30° 向载荷方向扩展，起裂裂纹由裂隙端部起裂，与裂隙长度 10 mm，宽度 0.3 mm 的试件起裂和破坏裂纹形态基本相同，试件受两组裂纹控制，两组裂纹呈十字形态，此组试件的破裂形态也相对规整，破坏后试件块体相对完整。

当夹角 $\beta=90°$ 时，起裂裂纹由一组主控裂纹控制，起裂裂纹在预制裂隙中部和中部偏上产生并延伸至试件两端，起裂裂纹与预制裂隙的夹角约为 90°，同样与裂隙长度 10 mm，宽度 0.3 mm 的试件破坏裂纹形态基本相同，不同的是此组试件在破坏过程中产生了另外一组平行于预制裂隙的次数裂纹，且该次生裂纹快速扩展，对试件的整体破裂产生影响，如图 3-32 所示。

3.3.1.4 预制裂隙长度 20 mm，宽度 0.5 mm

裂隙长度 20 mm，宽度 0.5 mm 的混凝土试件的破坏演化过程如图 3-33 ~ 图 3-37 所示。

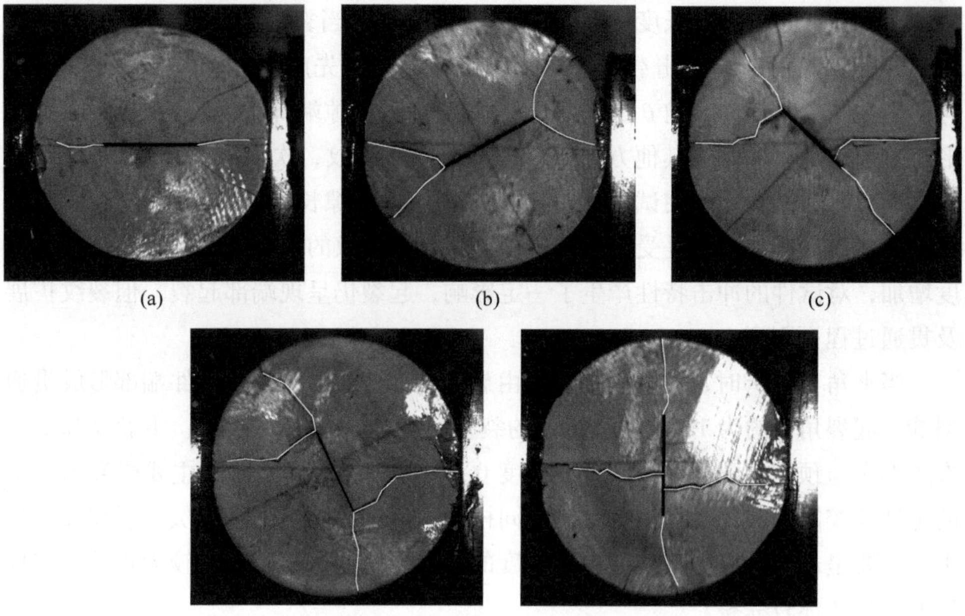

图 3-32　起裂裂纹扩展形态

（a）夹角 $\beta=0°$；（b）夹角 $\beta=30°$；（c）夹角 $\beta=45°$；（d）夹角 $\beta=60°$；（e）夹角 $\beta=90°$

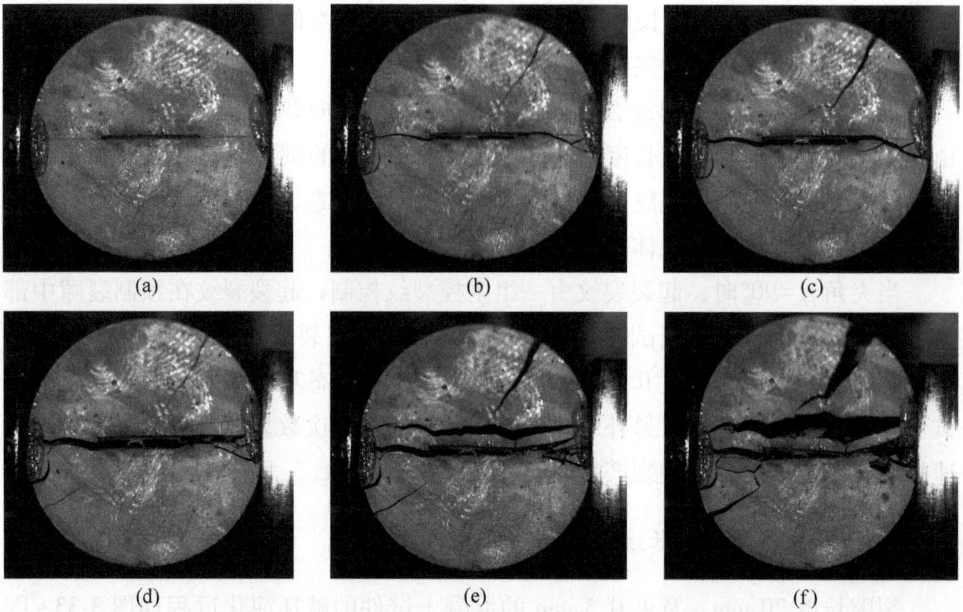

图 3-33　冲击破坏演化过程（长度 20 mm，宽度 0.5 mm，倾角 0°）

（a）第一阶段；（b）第二阶段；（c）第三阶段；（d）第四阶段；（e）第五阶段；（f）第六阶段

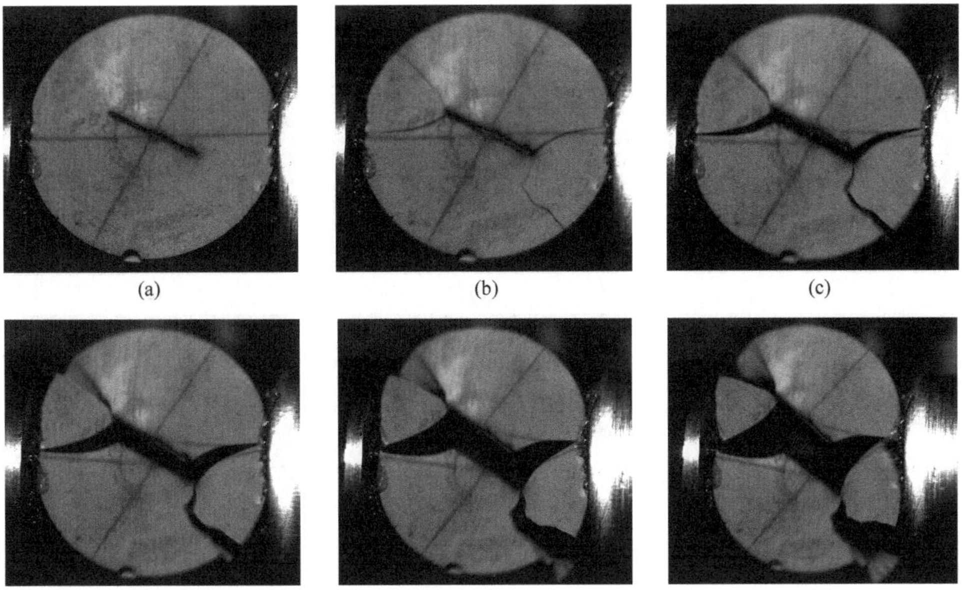
(a) (b) (c) (d) (e) (f)

图 3-34 冲击破坏演化过程（长度 20 mm，宽度 0.5 mm，倾角 30°）
（a）第一阶段；（b）第二阶段；（c）第三阶段；（d）第四阶段；（e）第五阶段；（f）第六阶段

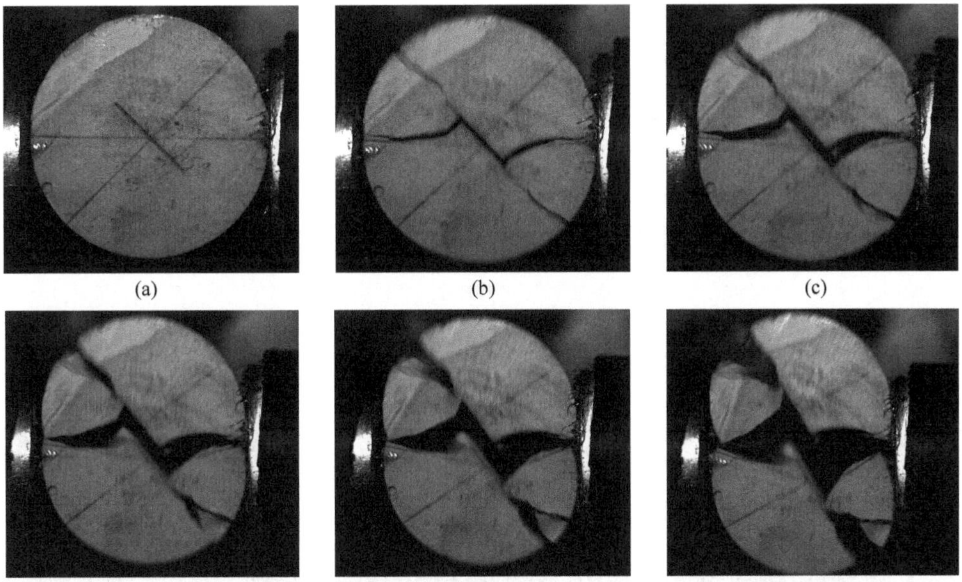
(a) (b) (c) (d) (e) (f)

图 3-35 冲击破坏演化过程（长度 20 mm，宽度 0.5 mm，倾角 45°）
（a）第一阶段；（b）第二阶段；（c）第三阶段；（d）第四阶段；（e）第五阶段；（f）第六阶段

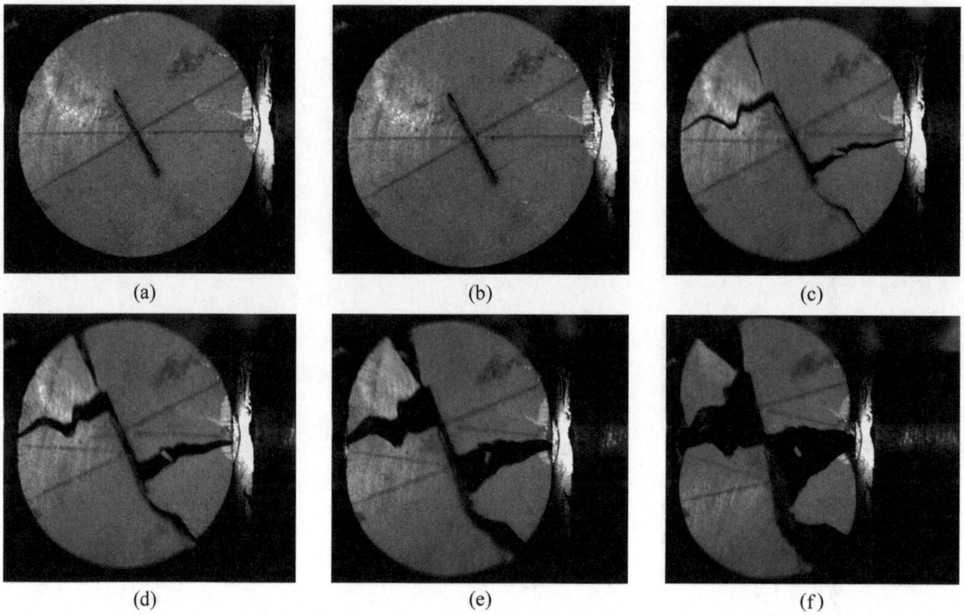

图 3-36　冲击破坏演化过程（长度 20 mm，宽度 0. 5 mm，倾角 60°）

（a）第一阶段；（b）第二阶段；（c）第三阶段；（d）第四阶段；（e）第五阶段；（f）第六阶段

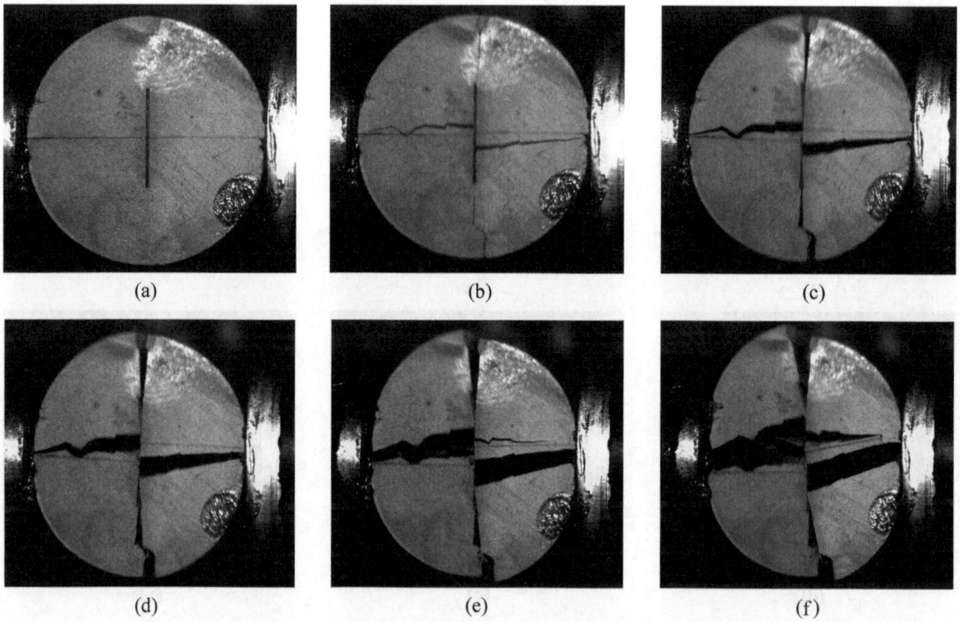

图 3-37　冲击破坏演化过程（长度 20 mm，宽度 0. 5 mm，倾角 90°）

（a）第一阶段；（b）第二阶段；（c）第三阶段；（d）第四阶段；（e）第五阶段；（f）第六阶段

以上试件预制裂隙长度 20 mm，宽度 0.5 mm，当裂隙与载荷方向夹角 $\beta=0°$ 时，如图 3-33 所示，冲击载荷作用下，裂隙尖端首先产生起裂破坏，起裂裂纹与预制裂隙夹角即起裂角 θ 近似约为 0°，裂纹由裂隙端部快速延伸至试件一端，形成贯通裂缝，相比预制裂隙长度 20 mm，宽度 0.5 mm 的试件，此组试件产生了两组平行于预制裂隙的裂纹，两组裂纹均对试件的破裂与破坏产生影响。通过上述工况分析可以得到，预制裂隙宽度增加主要对裂纹数量产生影响，对起裂位置没有显著作用。其他四种工况的试件，通过分析起裂时刻的裂纹分布状态可知，起裂裂纹基本是两组构成，主控裂纹均与载荷方向平行，裂纹分布形态为一组沿预制裂隙方向延伸至试件端部，一组为载荷方向延伸至预制裂隙，在预制裂隙端部或中部相交。起裂裂纹扩展形态如图 3-38 所示。

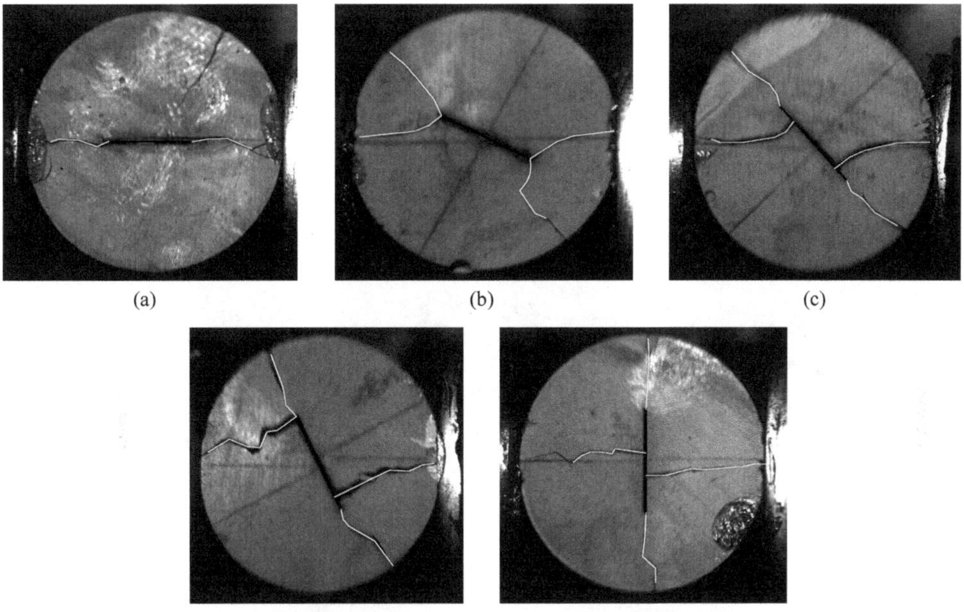

图 3-38 起裂裂纹扩展形态

(a) 夹角 $\beta=0°$；(b) 夹角 $\beta=30°$；(c) 夹角 $\beta=45°$；(d) 夹角 $\beta=60°$；(e) 夹角 $\beta=90°$

通过以上实验结果分析，试件起裂角随着预制裂隙倾角的增加整体呈现单调增加的变化趋势，当预制裂隙倾角为 0°时，起裂角也约为 0°，当预制裂隙倾角为 90°时，其中一组起裂裂纹与预制裂隙垂直产生并扩展，起裂角约为 90°。其他工况起裂角随着预制裂隙倾角的增加而增加。起裂形态可以发现，预制裂隙倾角对起裂裂纹形态影响不大，含裂隙试件冲击载荷作用下主要形成两组起裂裂纹（除 0°倾角）一组裂纹由裂隙端部产生沿裂隙方向延伸至试件端部形成破裂，另一组裂纹在裂隙端部或中间部分产生向载荷方向延伸至试件端部形成破裂。

3.3.2　不同倾角裂隙试件的最终破坏特征

不同倾角裂隙试件最终破坏形态如图 3-39～图 3-42 所示。可以看出，预制裂隙长度对试件冲击破坏的最终形态影响较大。20 mm 长度预制裂隙试件破坏后形成的碎块更为完整，以较大尺寸的块状为主；10 mm 长度预制裂隙试件破坏形态更加复杂，试件整体破碎严重，小块体增多，破坏后形成较多的小尺寸碎块。也就是说，在相同动荷载作用下，预制裂隙长度显著影响混凝土衬砌试件的破碎块度大小。然而，在实验所设计的预制裂隙宽度内，0. 3 mm 和 0. 5 mm 宽度预制裂隙试件的最终破坏形态差别不明显，实验结果显示 0. 5 mm 宽度的预制裂隙试件在冲击载荷作用下试件的破裂控制裂纹比 0. 3 mm 的试件多一组。

(a)　(b)　(c)　(d)　(e)

图 3-39　不同倾角裂隙试件最终破坏形态（10-0. 3 mm）

（a）10-0. 3-0；（b）10-0. 3-30；（c）10-0. 3-45；（d）10-0. 3-60；（e）10-0. 3-90

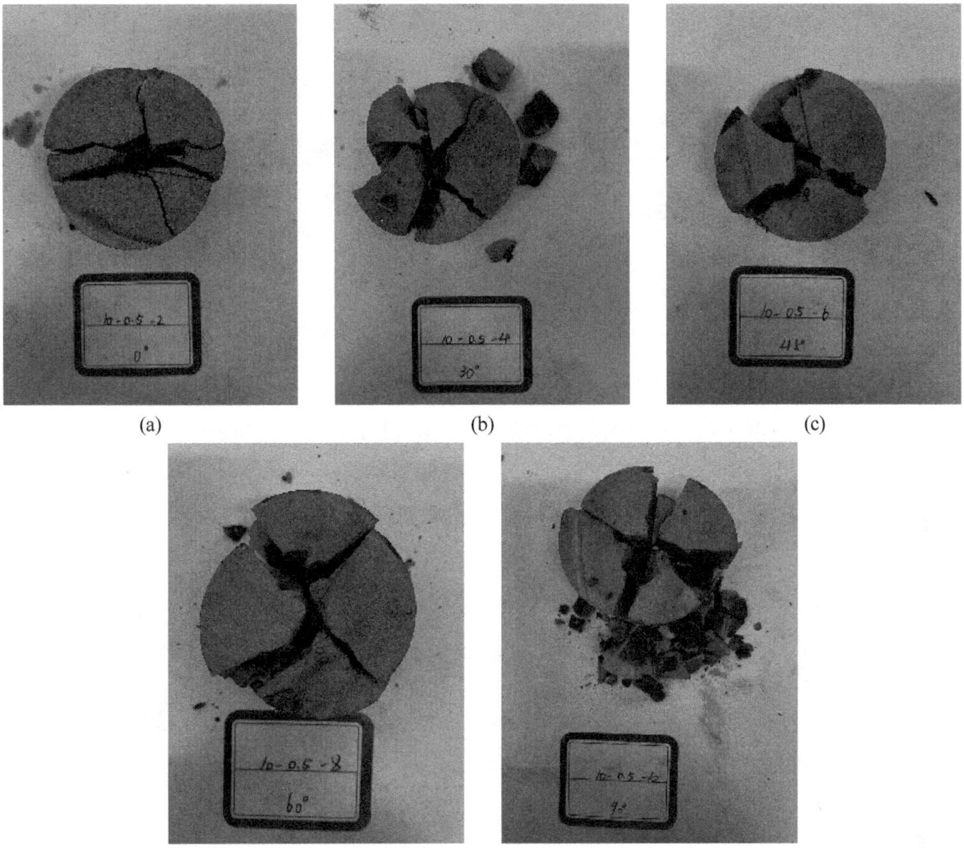

(a) (b) (c)

(d) (e)

图 3-40 不同倾角裂隙试件最终破坏形态（10-0.5 mm）

（a）10-0.5-0；（b）10-0.5-30；（c）10-0.5-45；（d）10-0.5-60；（e）10-0.5-90

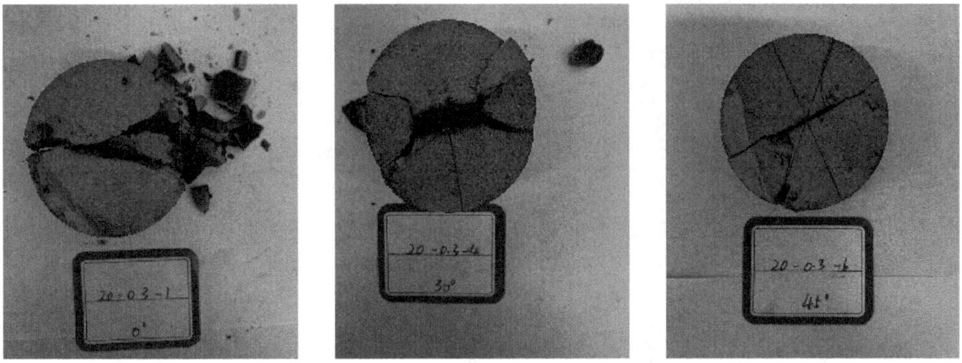

(a) (b) (c)

(d)

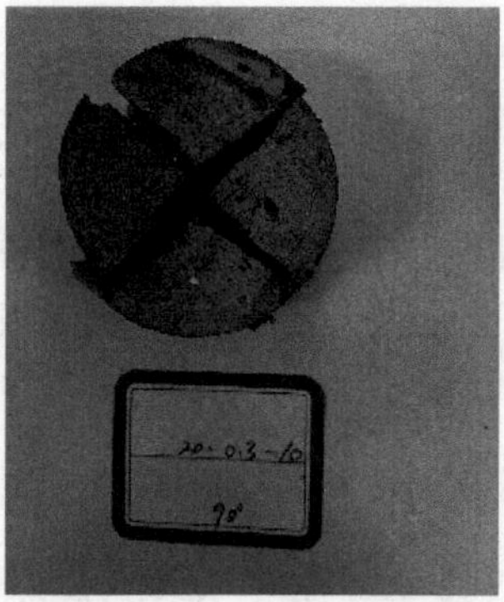

(e)

图 3-41　不同倾角裂隙试件最终破坏形态（20-0. 3 mm）

（a）20-0. 3-0；（b）20-0. 3-30；（c）20-0. 3-45；（d）20-0. 3-60；（e）20-0. 3-90

(a)

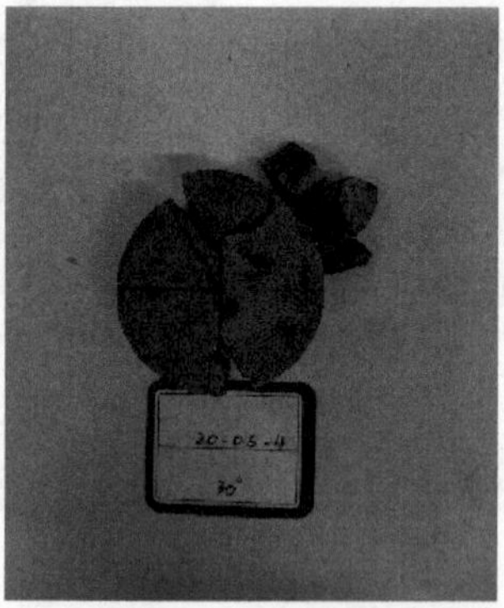

(b)

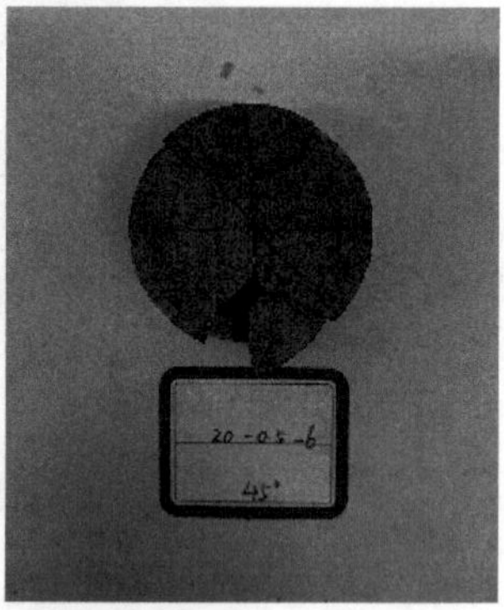

(c)

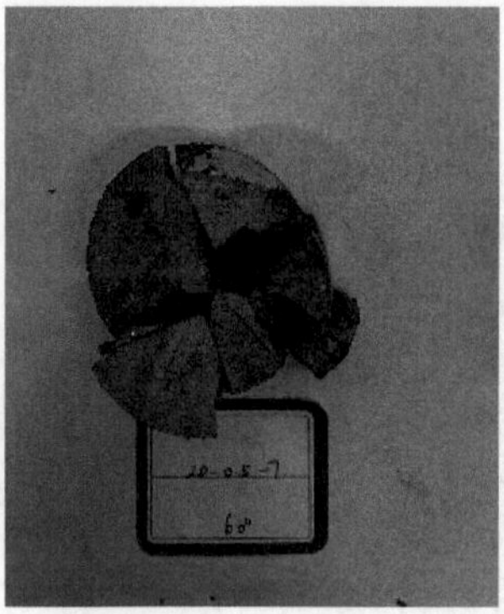

(d)

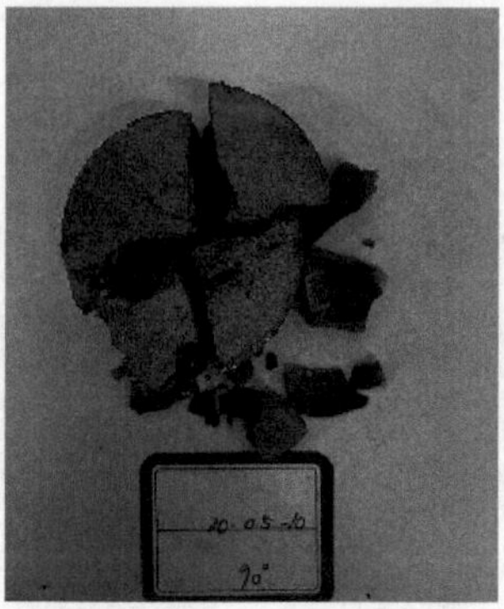

(e)

图 3-42　不同倾角裂隙试件最终破坏形态（20-0. 5 mm）

（a）20-0. 5-0；（b）20-0. 5-30；（c）20-0. 5-45；（d）20-0. 5-60；（e）20-0. 5-90

利用高速摄像系统精准捕捉各个试件破裂全过程，通过识别提取完全破裂前时刻的影像，以此分析破裂裂纹的形态随裂隙产状的变化特征，各个试件破裂前时刻的影像如图 3-43～图 3-46 所示。

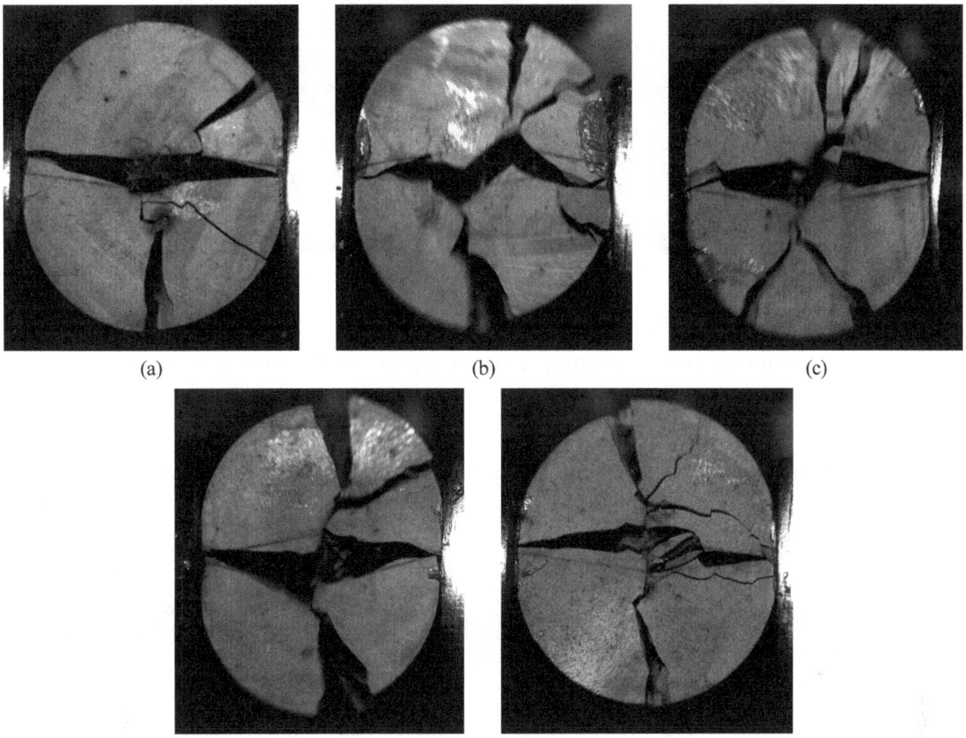

(a)　(b)　(c)

(d)　(e)

图 3-43　破裂裂纹形态（10-0.3 mm）

(a) 10-0.3-0；(b) 10-0.3-30；(c) 10-0.3-45；(d) 10-0.3-60；(e) 10-0.3-90

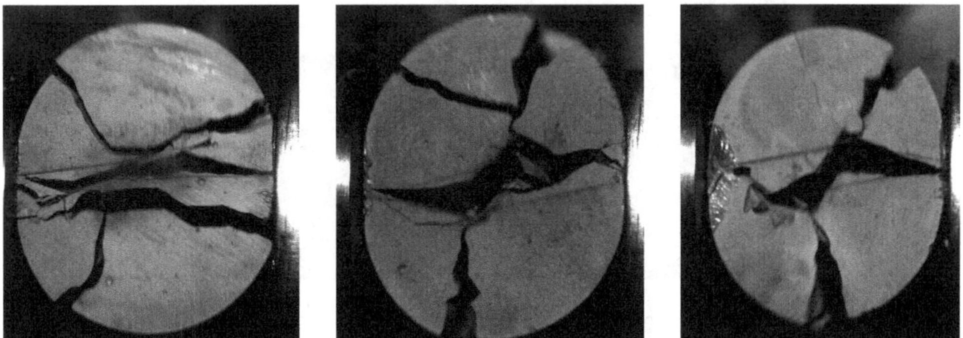

(a)　(b)　(c)

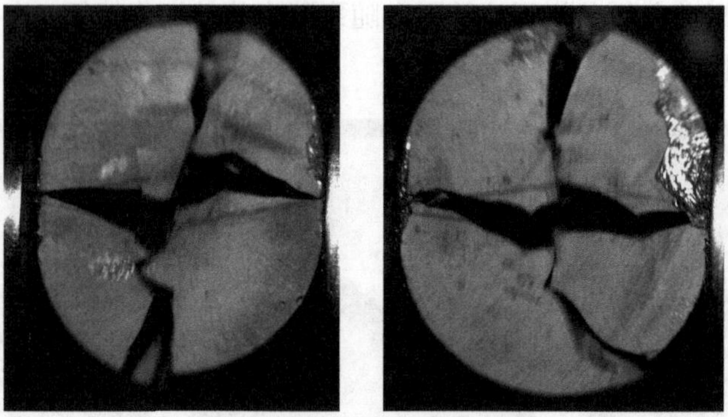

(d)　(e)

图 3-44　破裂裂纹形态（10-0.5 mm）

（a）10-0.5-0；（b）10-0.5-30；（c）10-0.5-45；（d）10-0.5-60；（e）10-0.5-90

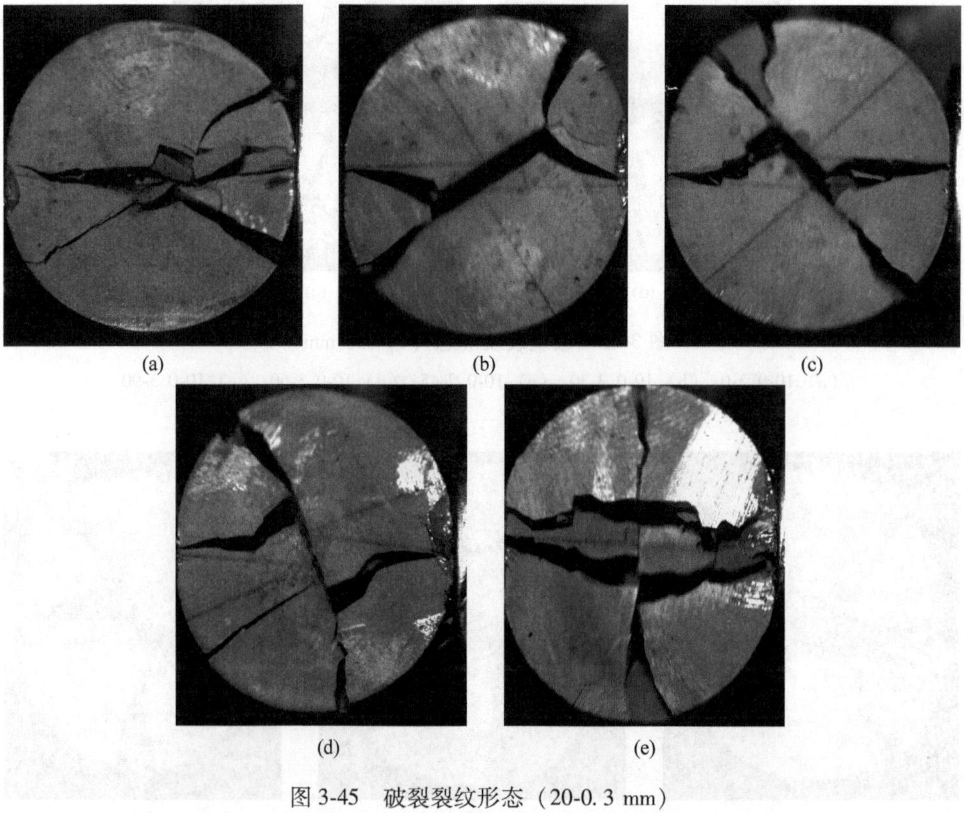

(a)　(b)　(c)

(d)　(e)

图 3-45　破裂裂纹形态（20-0.3 mm）

（a）20-0.3-0；（b）20-0.3-30；（c）20-0.3-45；（d）20-0.3-60；（e）20-0.3-90

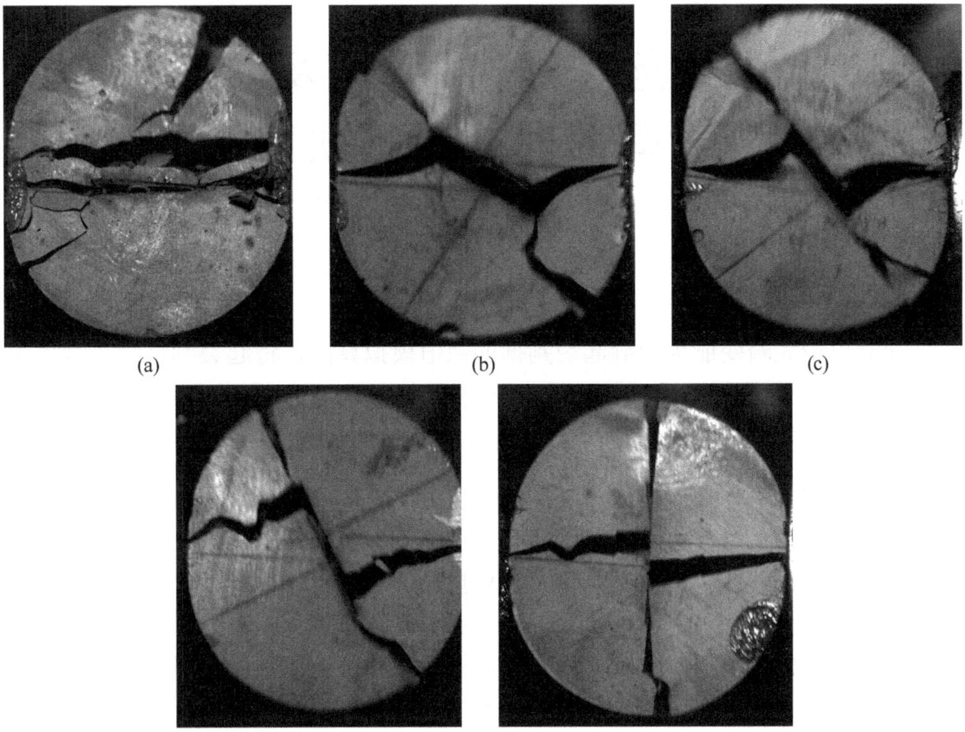

(a) (b) (c) (d) (e)

图 3-46 破裂裂纹形态（20-0.5 mm）

（a）20-0.5-0；（b）20-0.5-30；（c）20-0.5-45；（d）20-0.5-60；（e）20-0.5-90

当裂隙倾角为90°时，无论裂隙长度和宽度，冲击载荷作用下试件破裂裂纹为两组，一组沿裂隙方向，另一组垂直于裂隙，破裂形式较为单一。裂隙长度对破裂后的完整度有一定影响，预制裂隙越长，破裂后的块体越规整，次生的微小裂纹少。两组裂纹的主控作用明显。当裂隙倾角为0°时，起裂裂纹沿载荷方向和预制裂隙端部形成，长度对破裂形态基本无影响，反而裂隙宽度对破裂裂纹的形态有较大影响，如图3-44（a）和图3-46（a）所示，裂隙宽度为0.5 mm，以两组平行于预制裂缝的破裂裂纹为主，而宽度0.3 mm的试件主要以一组平行裂纹为主，宽度增加致使破裂裂纹形态发生变化，宽度越大破裂越强烈。

当裂隙倾角为30°、45°和60°时，试件的破裂形式类似，均产生两组破裂裂纹，第一组沿裂隙端部和载荷连线方向，第二组沿裂隙方向。裂隙宽度对破裂形态影响并不明显，裂隙长度越长破裂形成的块体更为完整，没有出现大量粉末式破坏，破裂裂纹更为清晰可辨。

4 裂纹起裂-扩展判据及随振动载荷的时效特征研究

建立以最大畸变能为裂缝起裂判据的数值模拟算法，将起裂判据嵌入数值模拟程序，形成裂缝起裂-扩展数值模拟分析方法。构建隧道模型输入振动载荷，对裂缝起裂-扩展的时效性特征进行研究，为衬砌裂缝安全分级评价模型的建立提供理论依据。

4.1 最大畸变能理论

裂隙岩体损伤本构模型对象均为含贯通裂隙的岩体，非贯通裂隙在外力作用下的扩展问题研究相对较少。而把岩体在外力作用下的破坏过程看作是微裂隙等细观损伤的扩展，这对于非贯通裂隙岩体存在较大误差。非贯通裂隙岩体在外力作用下在裂隙尖端产生应力集中，由于裂隙尖端应力集中，在裂纹产生并扩展过程中有大量的能量释放和耗散，含有裂隙的试样整体吸收能量的能力减弱。实验过程中发现，无裂隙试样在峰值强度之前的声发射振铃计数均匀分布，但峰值时刻突然大量释放；含有裂隙的试样加载开始声发射事件便集中在裂尖附近，形成一个能量“出口”不至于集聚过多能量而突然释放。当且仅当裂隙端部的能量“出口”处所聚集的能量达到试样单元储能极限时，裂纹开始起裂；并在持续加载过程中，新裂纹端部继续产生能量“出口”，在达到储能极限后形成扩展，直至裂纹贯穿整个岩石。对于均质、致密的各向同性岩石，其岩石单元的储能能力相同，不同裂隙产状影响加载作用下岩石应力分布，应力集中区随着初始裂隙的几何特征及起裂后裂纹的几何特征而不断变化。外力作用下裂隙岩体内部的应力分布状态复杂，难以利用一个或某一种性质的力判别岩石的开裂及破坏，材料处于三向应力状态时，材料的断裂不可能是由其中某一个应力分量完全确定，因此，基于能量角度分析裂隙岩石的起裂和扩展问题更符合工程实际。

1904 年 Huber 提出了比能的概念，单位体积物体内所积蓄的应变能称之为比能。在外力作用下，比能单元体积变化比能和形状改变比能两部分组成，Huber

认为物体的形状改变比能是衡量材料是否发生屈服破坏的指标。1925 年 Von Mises 对形状改变比能理论做了进一步发展，认为材料发生屈服是形状改变比能密度（畸变能密度）引起的，这一理论认为不论材料处于什么样的应力状态，只有材料内一点的形状改变比能密度达到材料的储能极限，该点材料就发生屈服破坏。对于岩石材料，确定岩石起裂应力强度的方法主要是认为岩石起裂开始的时刻是岩石进入塑性变形的时刻。因此对裂隙岩石的起裂机理研究可引入畸变能理论，以能量的角度对裂隙岩石端部裂纹的起裂及扩展模式进行理论分析。

4.2 裂纹端部的应力与位移

引入以裂纹断点为原点的极坐标 $\zeta = re^{i\theta}$，如图 4-1 所示，$z = a + rei\theta = a\zeta$，于是 $z^2 - a^2 = (z + a)(z - a) = (2a + \zeta)\zeta$。在裂纹端部附件区域内，$|\zeta| = r \ll 2a$。

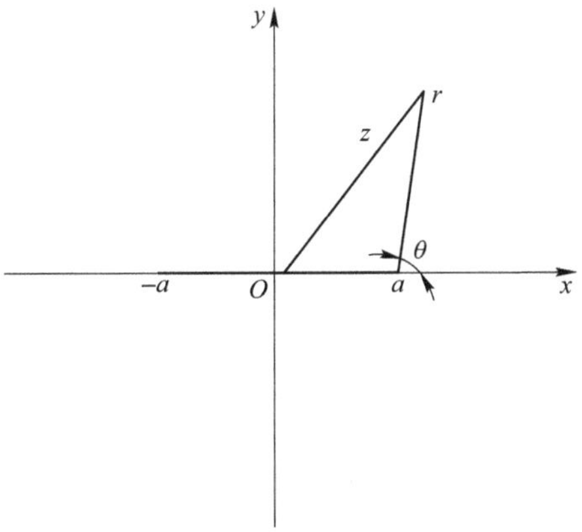

图 4-1 裂纹前端坐标（r，θ）

利用二项式定理，在 $|\zeta| < a$ 的收敛范围内，将 Z_{I} 裂隙端部做泰勒展开，得到：

$$Z_{\mathrm{I}} = \frac{\sigma_y^{\infty}}{\sqrt{2}}\left[\sqrt{\frac{a}{\zeta}} + \frac{3}{4}\left(\frac{\zeta}{a}\right)^{1/2} - \frac{5}{32a^2}\left(\frac{\zeta}{a}\right)^{3/2} + \cdots\right] + A \tag{4-1}$$

或

$$Z_{\mathrm{I}} = \frac{\sigma_y^{\infty}\sqrt{\pi a}}{\sqrt{2\pi r}} e^{\frac{-i\theta}{2}} + o(r^{-1/2}) \tag{4-2}$$

由威斯特嘎德函数和艾里函数得到：

$$\sigma_{xx}=\frac{K_{\mathrm{I}}}{\sqrt{2\pi r}}\cos\frac{\theta}{2}\left(1-\sin\frac{\theta}{2}\sin\frac{3\theta}{2}\right)+o(r^{-1/2})$$

$$\sigma_{yy}=\frac{K_{\mathrm{I}}}{\sqrt{2\pi r}}\cos\frac{\theta}{2}\left(1+\sin\frac{\theta}{2}\sin\frac{3\theta}{2}\right)+o(r^{-1/2})$$

$$\sigma_{xy}=\frac{K_{\mathrm{I}}}{\sqrt{2\pi r}}\sin\frac{\theta}{2}\cos\frac{\theta}{2}\cos\frac{3\theta}{2}\tag{4-3}$$

从结果可以看出，在裂纹端点附件 σ_x，σ_y，τ_{xy} 的第一项与 r 的关系都是 $1/r^{1/2}$ 的函数形式。当 r 趋于 0 时，σ_x，σ_y，τ_{xy} 区域正无穷。即存在应力奇异性。应力分量中的 $1/r^{1/2}$ 称为奇异项。式（4-3）称为Ⅰ型裂纹应力的近场式，其中 K_{I} 是Ⅰ型裂纹的应力强度因子。其中 $K_{\mathrm{I}}=\sigma_y^{\infty}\sqrt{\pi a}$。

同理可以计算得到Ⅱ型裂纹应力的近场式：

$$\sigma_{xx}=\frac{K_{\mathrm{II}}}{\sqrt{2\pi r}}\sin\frac{\theta}{2}\left(2+\cos\frac{\theta}{2}\cos\frac{3\theta}{2}\right)+o(r^{-1/2})$$

$$\sigma_{yy}=\frac{K_{\mathrm{II}}}{\sqrt{2\pi r}}\cos\frac{\theta}{2}\sin\frac{\theta}{2}\cos\frac{3\theta}{2}+o(r^{-1/2})$$

$$\tau_{xy}=\frac{K_{\mathrm{II}}}{\sqrt{2\pi r}}\cos\frac{\theta}{2}\left[1-\sin\frac{\theta}{2}\sin\frac{3\theta}{2}\right]+o(r^{-1/2})\tag{4-4}$$

式中，K_{II} 是Ⅱ型裂纹的应力强度因子。其中 $K_{\mathrm{II}}=\tau^{\infty}\sqrt{\pi a}$。

Ⅲ型裂纹应力的近场式：

$$\sigma_{xz}=-\frac{K_{\mathrm{III}}}{\sqrt{2\pi r}}\sin\frac{\theta}{2}+o(r^{-1/2})$$

$$\sigma_{yz}=\frac{K_{\mathrm{III}}}{\sqrt{2\pi r}}\cos\frac{\theta}{2}+o(r^{-1/2})\tag{4-5}$$

式中，K_{III} 是Ⅲ型裂纹的应力强度因子。其中 $K_{\mathrm{III}}=\tau^{\infty}\sqrt{\pi a}$。

4.3　基于最大畸变能理论的起裂判据

试样在外荷载作用下产生由两种和多于两种类型的应力引起的复合型裂纹，即形成了 K_{I}、K_{II}、K_{III} 均不为零断裂状态的复合型裂纹。此时裂隙端部各个应力分量为：

$$\sigma_x=\frac{K_{\mathrm{I}}}{\sqrt{2\pi r}}\cos\frac{\theta}{2}\left(1-\sin\frac{\theta}{2}\sin\frac{3\theta}{2}\right)-\frac{K_{\mathrm{II}}}{\sqrt{2\pi r}}\sin\frac{\theta}{2}\left(2+\cos\frac{\theta}{2}\cos\frac{3\theta}{2}\right)$$

$$\sigma_y = \frac{K_{\mathrm{I}}}{\sqrt{2\pi r}}\cos\frac{\theta}{2}\left(1+\sin\frac{\theta}{2}\sin\frac{3\theta}{2}\right)+\frac{K_{\mathrm{II}}}{\sqrt{2\pi r}}\sin\frac{\theta}{2}\cos\frac{\theta}{2}\cos\frac{3\theta}{2}$$

$$\tau_{xy} = \frac{K_{\mathrm{I}}}{\sqrt{2\pi r}}\sin\frac{\theta}{2}\cos\frac{\theta}{2}\cos\frac{3\theta}{2}+\frac{K_{\mathrm{II}}}{\sqrt{2\pi r}}\cos\frac{\theta}{2}\left(1-\sin\frac{\theta}{2}\sin\frac{3\theta}{2}\right)$$

$$\tau_{xz} = -\frac{K_{\mathrm{III}}}{\sqrt{2\pi r}}\sin\frac{\theta}{2}$$

$$\tau_{yz} = -\frac{K_{\mathrm{III}}}{\sqrt{2\pi r}}\cos\frac{\theta}{2}$$

$$\sigma_z = \begin{cases} 0 & (\text{平面应力}) \\ 2\upsilon\cdot\left(\dfrac{K_{\mathrm{I}}}{\sqrt{2\pi r}}\cos\dfrac{\theta}{2}-\dfrac{K_{\mathrm{II}}}{\sqrt{2\pi r}}\sin\dfrac{\theta}{2}\right) & (\text{平面应变}) \end{cases} \tag{4-6}$$

式中 θ——起裂裂纹与预制裂隙的夹角，(°)；

r——距裂隙端部的距离，mm；

K_{I}，K_{II}，K_{III}——Ⅰ，Ⅱ，Ⅲ类裂纹的强度因子；

υ——泊松比。

以畸变能理论为基础，认为畸变能是引起材料屈服破坏的主要因素，冲击载荷作用下，构件内一点处的畸变能达到单向应力状态下的极限值，材料发生屈服破坏。将广义胡可定律代入克拉贝龙公式可得到畸变能：

$$W_{\mathrm{D}} = \frac{1+\mu}{3E}\left[(\sigma_x^2+\sigma_y^2+\sigma_z^2-\sigma_x\sigma_y-\sigma_z\sigma_y-\sigma_x\sigma_z)+3(\tau_{xy}^2+\tau_{yz}^2+\tau_{zx}^2)\right] \tag{4-7}$$

式中 σ_x，σ_y，σ_z，τ_{xy}，τ_{yz}，τ_{zx}——裂隙端部的应力分量；

E——弹性模量；

μ——剪切模量；

W_{D}——畸变能。

将应力分量公式（4-6）代入式（4-7）中，以Ⅰ、Ⅱ和Ⅲ型应力强度因子表示畸变能 W_{D}：

$$W_{\mathrm{D}} = \frac{1}{16\pi\mu r}(c_{11}K_{\mathrm{I}}^2+2c_{12}K_{\mathrm{I}}K_{\mathrm{II}}+c_{22}K_{\mathrm{II}}^2+c_{33}K_{\mathrm{III}}^2) \tag{4-8}$$

式中

$$c_{11} = (\varphi+1)+\varphi\cos\theta-\cos^2\theta$$

$$c_{12} = \sin2\theta-\varphi\sin\theta$$

$$c_{22} = (\varphi+4)-\varphi\cos\theta-3\sin^2\theta$$

$c_{33} = 4$

$$\varphi = 2(1 - 2v)^2/3 \text{（平面应变）}$$

设 S 为畸变能密度因子，则

$$S = \frac{1}{16\pi\mu}(c_{11}K_{\mathrm{I}}^2 + 2c_{12}K_{\mathrm{I}}K_{\mathrm{II}} + c_{22}K_{\mathrm{II}}^2 + c_{33}K_{\mathrm{III}}^2) \tag{4-9}$$

畸变能密度因子的裂纹扩展准则基本假设为：

（1）在冲击载荷作用下，裂纹沿裂隙尖端畸变能最大的方向起裂。

（2）当裂纹尖端畸变能到达材料储能的最大临界值时，裂隙扩展。

冲击载荷作用下裂纹起裂判据：裂纹沿畸变能密度因子 S 最大的地方开裂，当材料某处的畸变能密度因子达到临界值 S_c 时，裂纹起裂：

$$\frac{\partial S}{\partial \theta} = 0 \qquad \frac{\partial^2 S}{\partial \theta^2} < 0 \tag{4-10}$$

$$S_{\max} = S\mid_{\theta=\theta_0} = S_c \tag{4-11}$$

基于平面应变对 OXY 平面内的应变问题进行研究（K_{III} 不存在）

$$K_{\mathrm{I}} = \sigma\sqrt{\pi a}\cdot\sin^2\beta \tag{4-12}$$

$$K_{\mathrm{II}} = \sigma\sqrt{\pi a}\cdot\sin\beta\cos\beta \tag{4-13}$$

式中 a——预制裂隙半长度，mm；

β——裂隙倾角，(°)。

4.4 裂隙起裂判据理论计算结果

4.4.1 冲击荷载作用下的纯Ⅰ型裂纹

则 $K_{\mathrm{I}} \neq 0$，$K_{\mathrm{II}} = 0$

$$S = \frac{1}{16\pi\mu}c_{11}K_{\mathrm{I}}^2 \tag{4-14}$$

将公式代入式（4-10）中得：

$$\frac{\partial S}{\partial \theta} = \frac{K_{\mathrm{I}}^2}{16\pi\mu}(-\sin\theta)(\varphi - 2\cos\theta) = 0 \tag{4-15}$$

解得：$\sin\theta_0 = 0$ 或 $\cos\theta_0 = (1 - 2v)^2/3$，由于二阶导数小于零因此取：$\theta_0 = \arccos[(1 - 2v)^2/3]$，纯Ⅰ型张开型裂纹，起裂角 $\theta_0 = \arccos[(1 - 2v)^2/3]$，实验测得此试样的平均泊松比为 0.3，可计算 $\theta_0 = 86.94°$。泊松比为 0.3 的试样发生Ⅰ型断裂裂纹的起裂角度为 86.94°。

4.4.2 冲击荷载作用下的纯Ⅱ型裂纹

则 $K_{\mathrm{I}}=0$，$K_{\mathrm{II}}\neq 0$

$$S=\frac{1}{16\pi\mu}c_{22}K_{\mathrm{II}}^{2} \tag{4-16}$$

将公式代入式（4-10）中得：

$$\frac{\partial S}{\partial\theta}=\frac{K_{\mathrm{II}}^{2}}{16\pi\mu}\sin\theta(\varphi-6\cos\theta)=0 \tag{4-17}$$

解得：$\sin\theta_0=0$ 或 $\cos\theta_0=(1-2v)^2/9$，由于二阶导数小于零因此取：$\theta_0=0$。纯Ⅱ型剪切裂纹，起裂角为0°。

4.4.3 冲击载荷作用下复合型裂纹

复合型裂纹：$K_{\mathrm{I}}\neq 0$，$K_{\mathrm{II}}\neq 0$。

复合型裂纹断裂准则的研究中，采用的裂隙受力分析模型如图4-2所示。

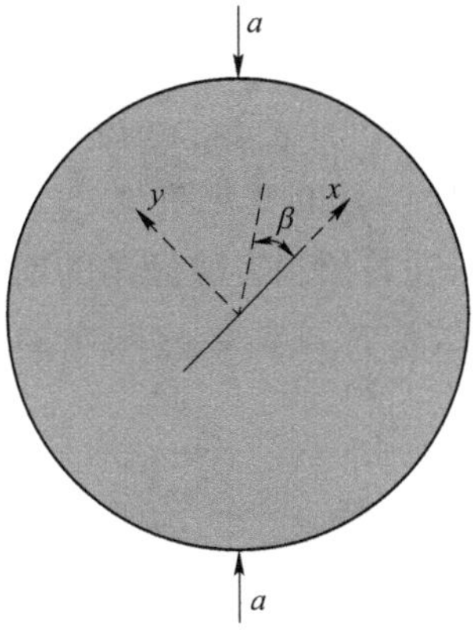

图4-2 裂隙试样受力示意图

利用坐标变换可以得到远场应力为：

$$\sigma_{yy}=\sigma\sin^2\beta,\quad \sigma_{xx}=\sigma\cos^2\beta,\quad \tau_{xy}=\sigma\sin\beta\cos\beta \tag{4-18}$$

因此可以得到：

$$K_{\mathrm{I}}=\sigma\sqrt{\pi a}\sin^2\beta,\quad K_{\mathrm{II}}=\sigma\sqrt{\pi a}\sin\beta\cos\beta \tag{4-19}$$

将上式代入式（4-9）可得：

$$S=\frac{1}{16\pi\mu}(c_{11}K_{\mathrm{I}}^{2}+2c_{12}K_{\mathrm{I}}K_{\mathrm{II}}+c_{22}K_{\mathrm{II}}^{2})$$

$$= \frac{\sigma^2 \pi a}{16\pi\mu}\sin^2\beta(c_{11}\sin^2\beta + 2c_{12}\sin\beta\cos\beta + c_{22}\cos^2\beta) \qquad (4\text{-}20)$$

实验所得泊松比 $\upsilon = 0.3$，结合式（4-10），对式（4-20）求导后解得预制单裂隙倾角 β 与裂隙起裂角 θ 的变化规律如图 4-3 所示，起裂角 θ 随预制裂隙倾角 β 的增加而单调增加。

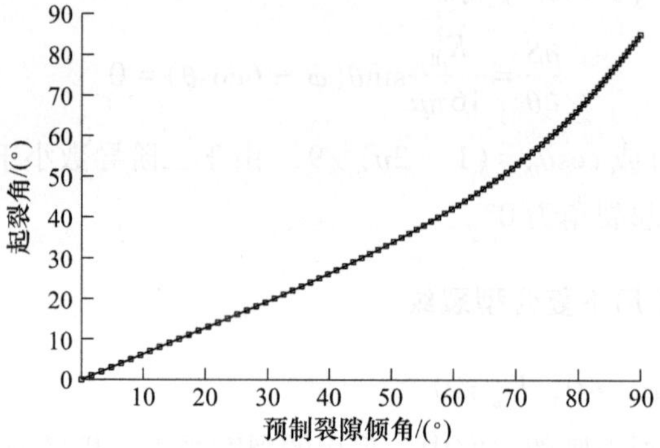

图 4-3　起裂角随预制裂隙倾角的变化规律

设：

$$f(\beta) = \sin^2\beta(c_{11}\sin^2\beta + 2c_{12}\sin\beta\cos\beta + c_{22}\cos^2\beta) \qquad (4\text{-}21)$$

根据式（4-21）绘制 $f(\beta)$ 与 β 的变化图。

根据图 4-4 变化规律可得随着预制裂隙倾角的增加，$f(\beta)$ 呈现先增加后降低的变化规律，存在极大值，数值计算结果显示当裂隙倾角为 72°时，$f(\beta)$ 达到最大。

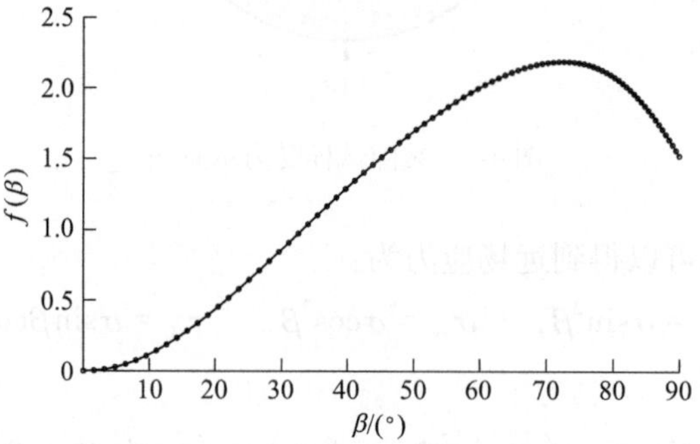

图 4-4　$f(\beta)$-β 的变化关系

由式（4-14）和式（4-16）得到：

$$f(\beta)=\frac{16S\mu}{\sigma^2 a} \tag{4-22}$$

根据式（4-22）可知，$f(\beta)$ 与外载荷 σ 的数值的平方呈反比例关系。材料的抗脆断能力是材料常数，当内部裂隙分布形态为单一裂隙时，由此可以计算得到试样峰值强度随裂隙倾角的呈先减小后增大的变化规律，实验结果显示当裂隙倾角为 60°~90°之间时，试样的峰值强度普遍较低。

根据裂纹状态素描图可知，单裂隙试样中裂隙端部的起裂角和起裂后裂纹扩展路径随预制裂隙与外载荷夹角的改变而不同。受最大载荷与裂隙夹角的影响，起裂角随裂隙倾角 β 的增加而增加。单裂隙试样的裂纹起裂角与裂隙倾角的变化关系如图 4-5 所示。实验所获得的裂隙起裂角与最大畸变能准则计算的结果基本一致。当预制裂隙倾角 0°时，实验中裂纹起裂角 $\theta\approx0°$，当预制裂隙倾角 $\beta=90°$ 时，实验中裂纹起裂角 $\theta\approx90°$，裂纹起裂角随裂隙倾角单调增加。

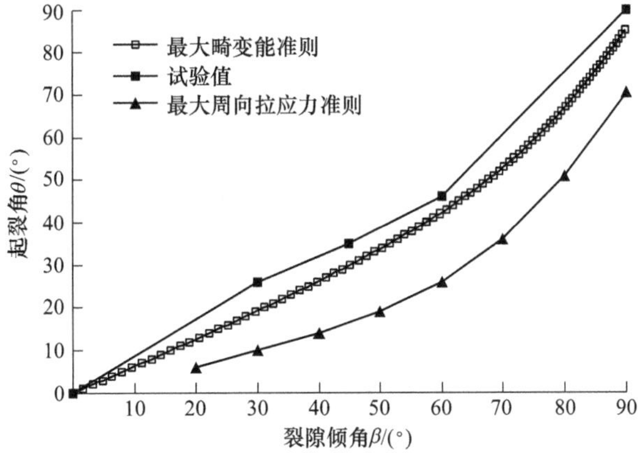

图 4-5 裂隙倾角 β 与起裂角 θ 的关系

结果表明最大畸变能准则对裂纹起裂角的计算更符合脆性材料的动态破裂特征。

4.5 裂隙起裂判据的数值模拟结果

地铁振动荷载下隧道衬砌裂缝起裂扩展过程涉及复杂的变形、损伤、破坏过程。数值模拟方法是模拟该复杂问题的有效手段。混凝土断裂破坏常用的数值模拟方法可分为：连续模拟法（如有限元）、非连续模拟法（如离散元）、连续非连续结合法（如有限元-离散元结合法）。有限元-离散元结合法（FDEM）是近年来兴起的一种模拟方法，其结合了有限元计算效率高和离散元模拟复杂裂纹形式的优点，在岩石、混凝土、陶瓷等材料结构破坏失效中得到了大量应用。本研究通过 ABAQUS 二次开发，遍插零厚度内聚力单元，考虑失效界面摩擦接触，建立含裂缝混凝土 FDEM 模型，在本构上考虑裂纹起裂和扩展断裂能，采用混合断裂模型，实现 SHPB 冲击下含不同倾角裂缝混凝土的动态破坏模拟。

4.5.1 FDEM 模拟方法

目前常用的 FDEM 商业软件包括：加拿大的 IRAZU、英国的 ELFEN、美国的 UDEC 和我国的 MultiFracS。加拿大 Munjiza 等将有限元与内聚力模型结合的方法称为有限元离散元结合法，即 FDEM（Hybrid finite-discrete method），并开发了 Y-Geo 开源软件，针对岩石破裂问题开展了一系列模拟研究。在 Y-Geo 基础上，Munjiza 教授的博士 Mahabadi 等开发了 IRAZU 商业软件，实现了边坡滑移，深部围岩破坏等岩石力学问题的模拟。Nguyen 等基于黏聚裂纹模型，模拟了水压致裂过程。严成增等利用 Y-Geo 软件，模拟了巴西圆盘劈裂、水压致裂等岩石破裂过程。M. Cai 等利用英国 Rockfield 公司开发的商业软件 Elfen，基于单元劈裂自适应网格法，实现单元劈裂，模拟了巴西圆盘实验等岩石破坏过程。

FDEM 技术仍在不断发展阶段，因此不同商业软件的计算效率和准确性存在差异。另外，上述软件的计算灵活性并不高。因此，一些学者利用通用有限元软件二次开发，实现 FDEM 模拟。席迅等采用 ABAQUS 软件，二次开发嵌入零厚度内聚力单元离散化，实现了有限元离散元结合，模拟混凝土锈胀开裂过程。Yang 等借助 ABAQUS 实现 FDEM 方法，结合 CT 扫描模拟细观混凝土拉伸破坏。Gui 等将内聚力模型嵌入 UDEC 程序，模拟了软岩的压缩、拉伸、剪切和动力破坏过程。需要指出的是，上述方法均是将单元界面离散开裂方法。Zhou 等基于 ABAQUS 程序，应用黏聚裂纹模型模拟了岩石单轴压缩、剪切和边坡滑移过程。

4.5.2 数值模型

建立含裂缝混凝土模型和 SHPB 入射杆和透射杆模型，其中入射杆和透射杆为弹性模型。入射杆长 4500 mm，透射杆长 2500 mm，弹性模量为 210 GPa，泊松比为 0.25~0.3，纵波速度为 5400 m/s，密度为 7850 kg/m^3。混凝土直径为 50 mm，裂缝长度为 10 mm 和 20 mm，宽度为 0.5 mm。图 4-6 为 0°、30°、45°、60°、90°裂缝的模型示意图，其中，入射杆和透射杆仅局部显示。图 4-7 展示了混凝土试样的固体单元和内聚力单元，模型包含 7379 固体单元和 4986 个零厚度内聚力单元，冲击速度为 300 GPa/s。模型的力学参数见表 4-1。

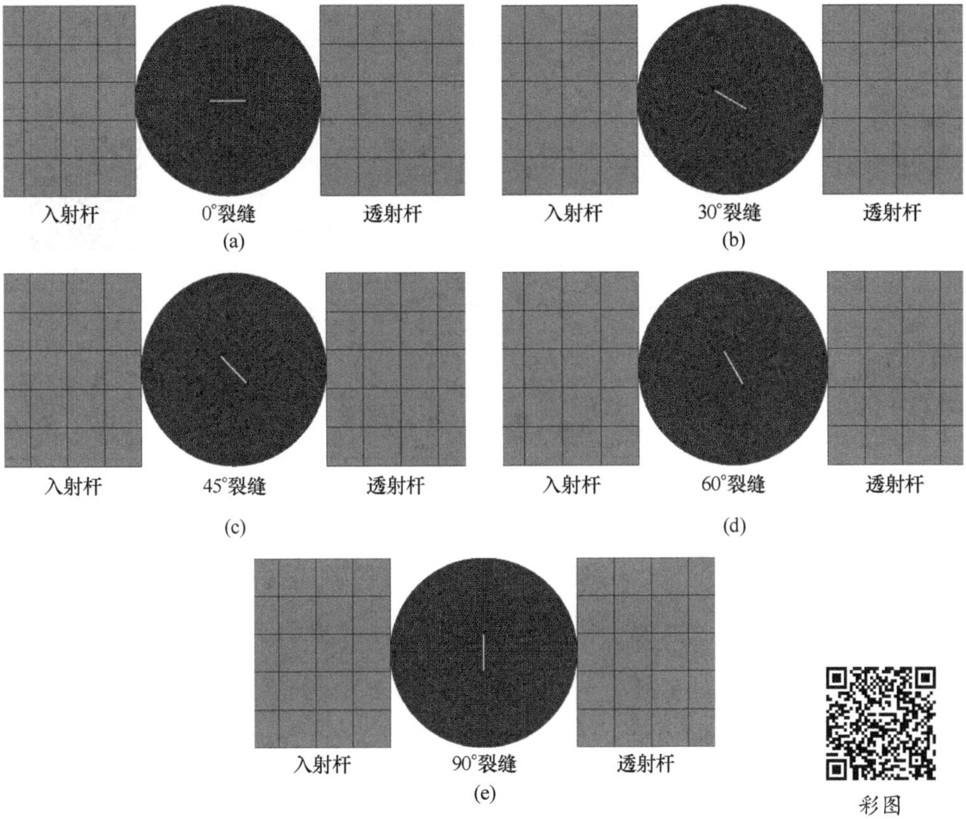

彩图

图 4-6 裂隙长度 10 mm 的数值模型

(a) 10-0.5-0; (b) 10-0.5-30; (c) 10-0.5-45; (d) 10-0.5-60; (e) 10-0.5-90

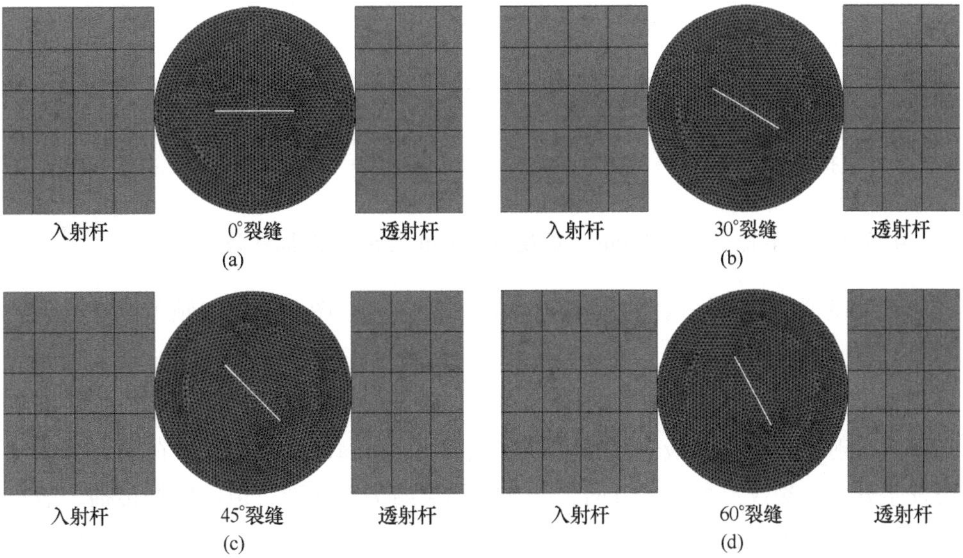

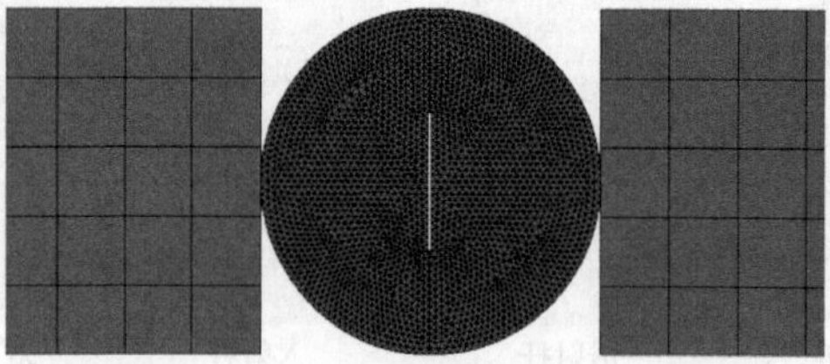

(e)

彩图

图 4-7　裂隙长度 20 mm 的数值模型

（a）20-0.5-0；（b）20-0.5-30；（c）20-0.5-45；（d）20-0.5-60；（e）20-0.5-90

表 4-1　模型力学参数

变　量	数　值
冲击杆弹性模量	210 GPa
冲击杆泊松比	0.3
冲击杆密度	7850 kg/m^3
混凝土弹性模量	32.5 GPa
泊松比	0.3
密度	2500 kg/m^3
罚刚度	3250 GPa
混凝土抗拉强度	6 MPa
混凝土剪切强度	16 MPa
拉伸断裂能	60 N/m
剪切断裂能	240 N/m
摩擦系数	0.5

4.5.3　模拟结果

4.5.3.1　裂隙长度 10 mm、宽度 0.5 mm 的试件模拟结果

数值模拟能够较好地捕捉混凝土裂纹扩展过程。图 4-8 为 0°倾角试样的裂纹扩展过程。由图可以看出，在 400 μs 时刻，入射杆与混凝土试样的最大接触力达到 111.3 MPa，但应力波尚未传至混凝土右端。在 500 μs 时刻，随着应力波的传播，入射和透射端的最大接触应力约为 215.4 MPa，混凝土试样在动态平衡状态发生开裂，裂纹沿着加载方向，并在预制裂缝尖端起裂，由内向外传播，裂纹扩展模式与经典理论解和实验结果一致。随着荷载的进一步发展，在 600 μs 时

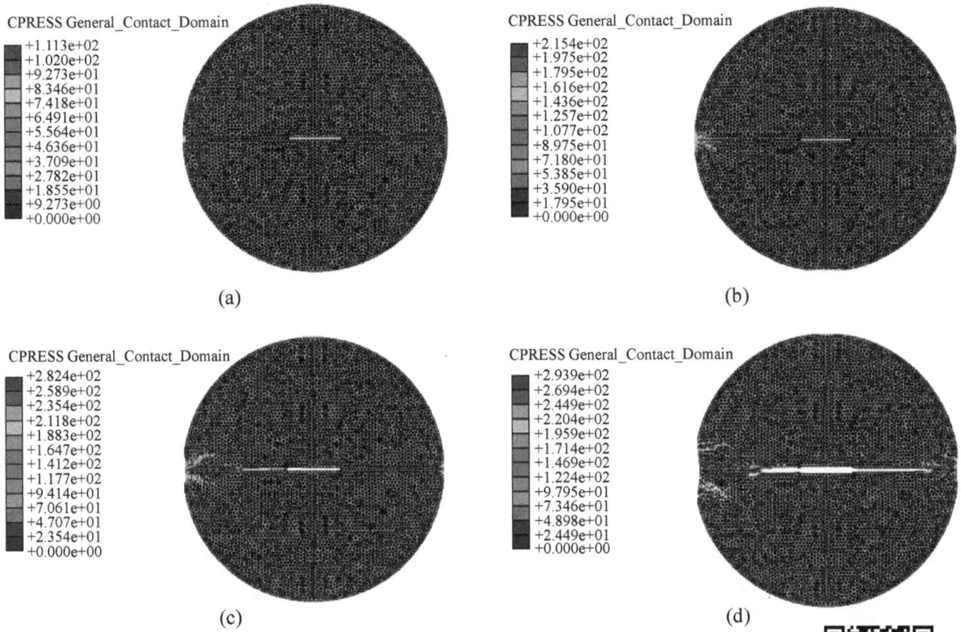

图 4-8　0°倾角裂隙混凝土试样裂缝扩展过程

（a）400 μs；（b）500 μs；（c）600 μs；（d）700 μs

彩图

刻，混凝土试样靠近入射杆端的局部发生显著的剪切混合破坏，右侧混凝土裂纹持续扩展。在 700 μs 时刻，混凝土左右两端局部均发生显著的剪切复杂破坏，接触力反增。因此，0°倾角混凝土试样的动态破坏模式为：沿加载方向的中部主裂纹拉伸扩展，随后为端部剪切裂缝。进一步基于接触力计算试样的动态拉伸应力，基于杆件位移计算混凝土试样轴向应变，得到0°倾角裂隙混凝土的动态应力-应变曲线，如图 4-9 所示。可以看出，随着应变的增加，混凝土试样的拉伸应力先近似线性增加，随着损伤进行，应力进入缓慢增加阶段，直至达到峰值强度，随后随着裂纹的扩展，应力逐渐下降，最后当进入端部剪切阶段后，应力有一定程度的反增。混凝土试样的动态拉伸强度为第一次峰值点，约为 5.6 MPa。整体上，模拟结果与实验结果和理论解析具有很好的一致性。

图 4-10 为 30°倾角试样的动态裂纹扩展过程。由图 4-10 可以看出，在 400 μs 时刻，入射杆与混凝土试样的最大接触力达到 67.7 MPa，但应力波尚未传至混凝土右端。在 500 μs 时刻，随着应力波的传播，入射和透射端的最大接触应力约为 162 MPa，混凝土试样两端呈现典型的剪切状态，试样在动态平衡状态发生开裂，裂纹在预制裂隙尖端起裂，由内向外传播。在 600 μs 时刻，裂缝显著扩展，扩展角度与预制裂缝夹角约为 120°，混凝土试样靠近入射杆端的局部发生剪

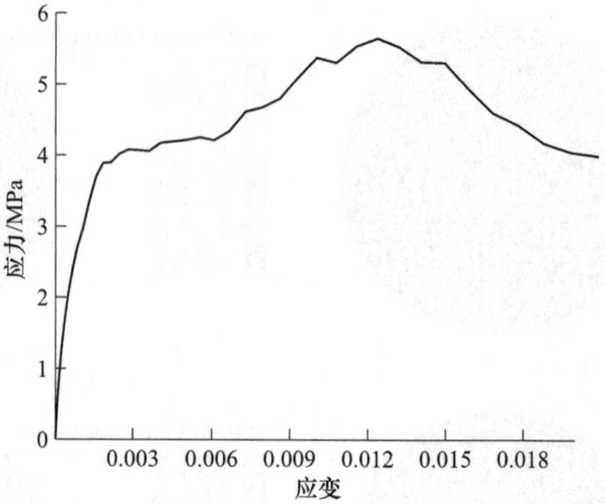

图 4-9　0°倾角裂隙混凝土动态应力-应变曲线

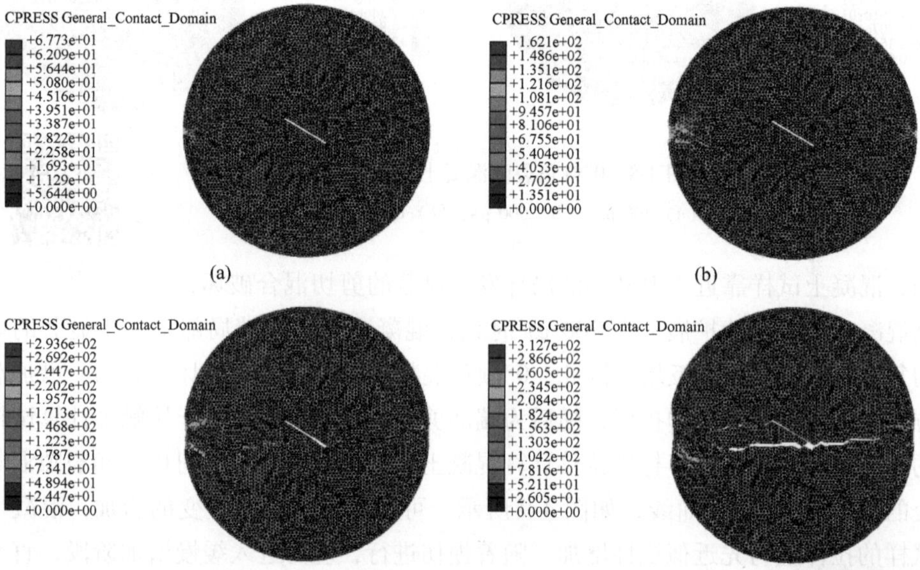

图 4-10　30°倾角裂隙混凝土试样裂缝扩展过程

(a) 400 μs；(b) 500 μs；(c) 600 μs；(d) 700 μs

彩图

切混合破坏，右侧混凝土裂纹持续扩展。在 700 μs 时刻，混凝土左右两端局部均发生显著的剪切复杂破坏，裂缝逐渐偏转向加载方向。因此，30°倾角混凝土试样的动态破坏模式为：裂纹在预制裂隙尖端拉伸起裂，次生裂纹与预制裂缝夹角为 120°，次生裂纹逐渐偏转至加载方向，混凝土试样端部出现剪切裂缝，靠近入射端处复杂剪切破坏更为显著。图 4-11 为 30°倾角试样的动态拉伸应力应变曲线。可以看出，随着应变的增加，混凝土试样的拉伸应力先近似线性增加，随着损伤进行，直至达到峰值强度，随后随着裂纹的扩展，应力逐渐下降，最后当进入端部剪切阶段后，应力有一定程度的反增。混凝土试样的动态拉伸强度为第一次峰值点，约为 4.9 MPa。整体上，裂纹扩展模式与实验结果具有很好的一致性。

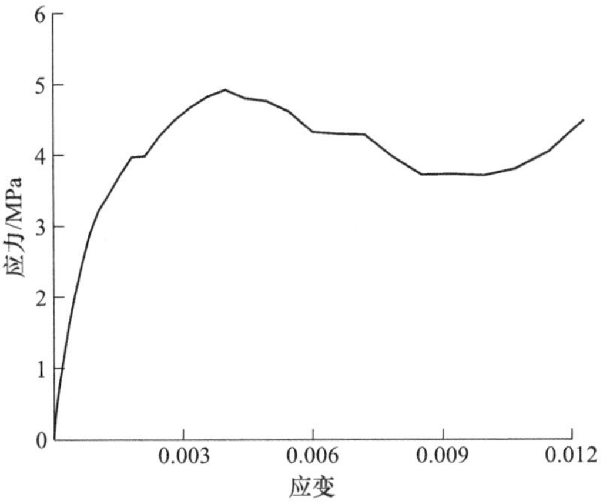

图 4-11　30°倾角裂隙混凝土动态应力应变曲线

图 4-12 为 45°倾角试样的动态裂纹扩展过程。由图可以看出，在 400 μs 时刻，入射杆与混凝土试样的最大接触力达到 53.82 MPa，但应力波尚未传至混凝土右端。在 500 μs 时刻，随着应力波的传播，入射和透射端的最大接触应力约为 177 MPa，混凝土试样两端呈现典型的剪切状态，试样在动态平衡状态发生开裂，裂纹在预制裂隙尖端起裂，由内向外传播，次生裂纹角度与预制裂缝角度约为 110°。在 600 μs 时刻，裂缝显著扩展，混凝土试样靠近入射杆端的局部发生剪切混合破坏，右侧混凝土裂纹持续扩展。在 700 μs 时刻，混凝土左右两端局部均发生显著的剪切复杂破坏，裂缝逐渐偏转向加载方向。因此，45°倾角混凝土试样的动态破坏模式为：裂纹在预制裂隙尖端拉伸起裂，次生裂纹与预制裂缝夹角为 110°，次生裂纹逐渐偏转至加载方向，混凝土试样端部出现剪切裂缝，靠近入射端处复杂剪切破坏更为显著。图 4-13 为 45°倾角试样的动态拉伸应力-应变曲线。可以看出，随着应变的增加，混凝土试样的拉伸应力先近似线性增加，随着损伤进行，直至达到峰值强度，随后随着裂纹的扩展，应力逐渐下降，最后当进入端部剪切阶段后，应力有一定程度的反增。混凝土试样的动态拉伸强度为第一次峰值点，约为 4.4 MPa。整体上，裂纹扩展模式与实验结果具有很好的一致性。

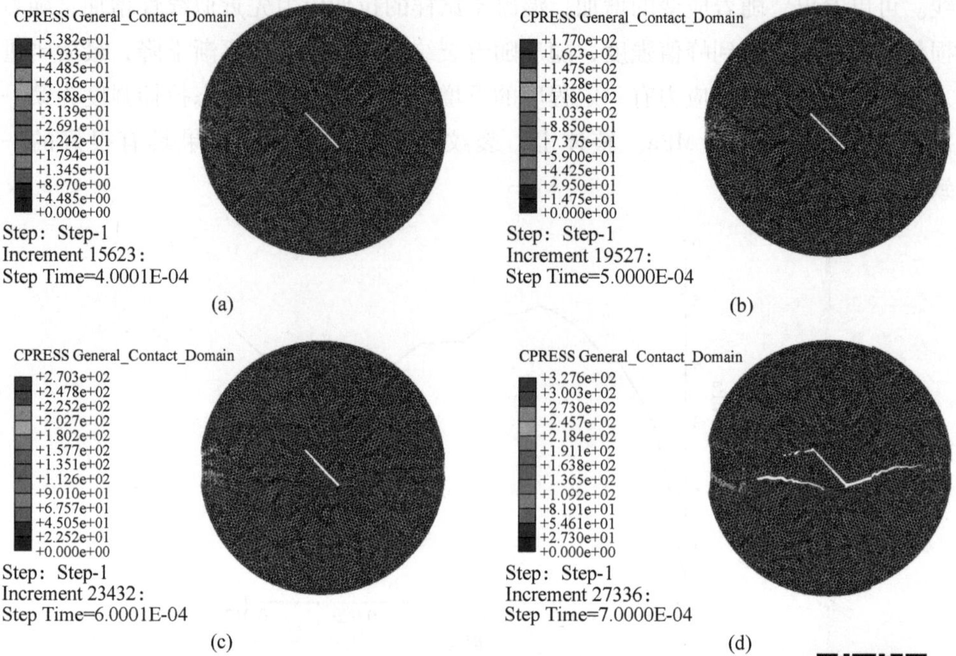

图 4-12　45°倾角裂隙混凝土试样裂缝扩展过程

（a）400 μs；（b）500 μs；（c）600 μs；（d）700 μs

彩图

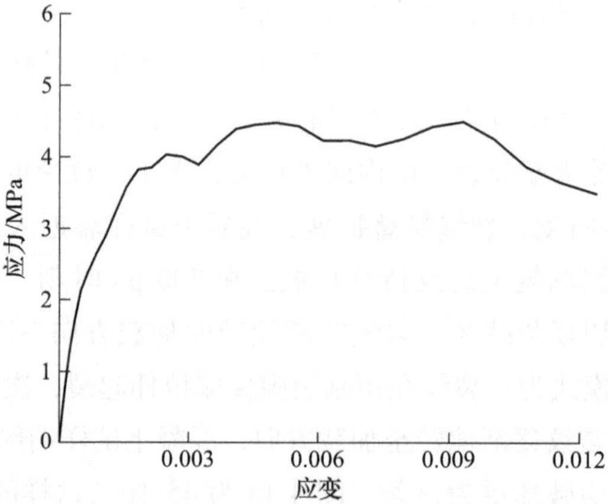

图 4-13　45°倾角裂隙混凝土动态应力-应变曲线

图 4-14 为 60°倾角试样的动态裂纹扩展过程。由图可以看出，在 400 μs 时刻，入射杆与混凝土试样的最大接触力达到 80.71 MPa，但应力波尚未传至混凝土右端。在 500 μs 时刻，随着应力波的传播，入射和透射端的最大接触应力约

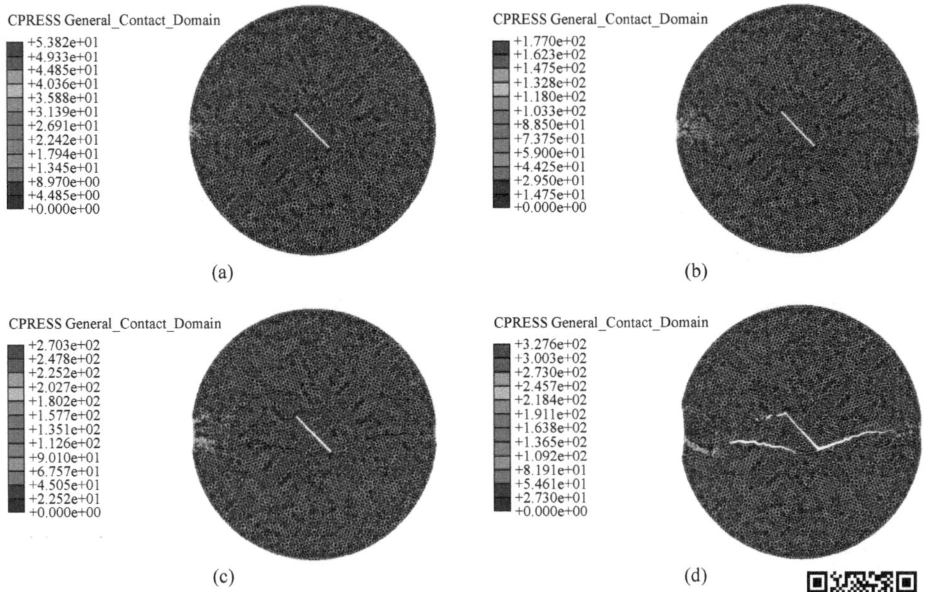

图 4-14 60°倾角裂隙混凝土试样裂缝扩展过程

(a) 400 μs; (b) 500 μs; (c) 600 μs; (d) 700 μs

彩图

为 180.6 MPa，混凝土试样两端呈现典型的剪切状态，试样在动态平衡状态发生开裂，裂纹在预制裂隙尖端起裂，由内向外传播，次生裂纹角度与预制裂缝角度约为 90°。在 600 μs 时刻，裂缝显著扩展，并逐渐偏转至加载方向，混凝土试样靠近入射杆端的局部发生剪切混合破坏，右侧混凝土裂纹持续扩展。在 700 μs 时刻，混凝土左右两端局部均发生显著的剪切复杂破坏。因此，60°倾角混凝土试样的动态破坏模式为：裂纹在预制裂隙尖端拉伸起裂，次生裂纹与预制裂缝夹角为 90°，次生裂纹逐渐偏转至加载方向，混凝土试样端部出现剪切裂缝。图 4-15 为 60°倾角试样的动态拉伸应力-应变曲线。可以看出，随着应变的增加，混凝土试样的拉伸应力先近似线性增加，随后随着裂纹的扩展，应力增长斜率变小，直至达到峰值强度，约为 4.89 MPa。整体上，裂纹扩展模式与实验结果具有很好的一致性。

图 4-16 为 90°倾角试样的动态裂纹扩展过程。由图可以看出，在 400 μs 时刻，入射杆与混凝土试样的最大接触力达到 116.2 MPa，但应力波尚未传至混凝土右端。在 500 μs 时刻，随着应力波的传播，入射和透射端的最大接触应力约为 211.3 MPa，混凝土试样两端呈现典型的剪切状态，试样在动态平衡状态发生开裂，裂纹在预制裂隙尖端起裂，由内向外传播，次生裂纹沿加载方向。在

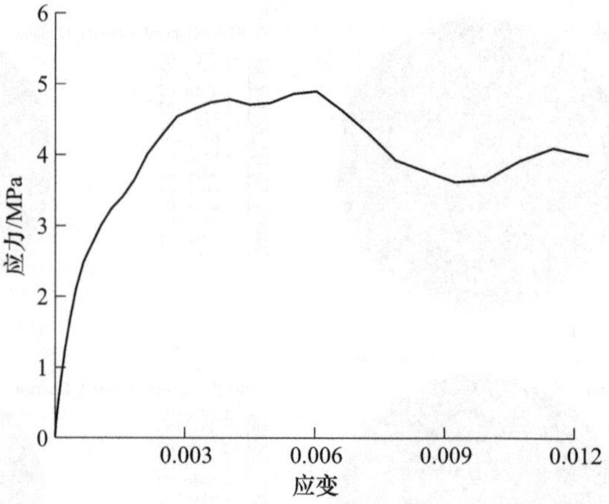

图 4-15　60°倾角裂隙混凝土动态应力-应变曲线

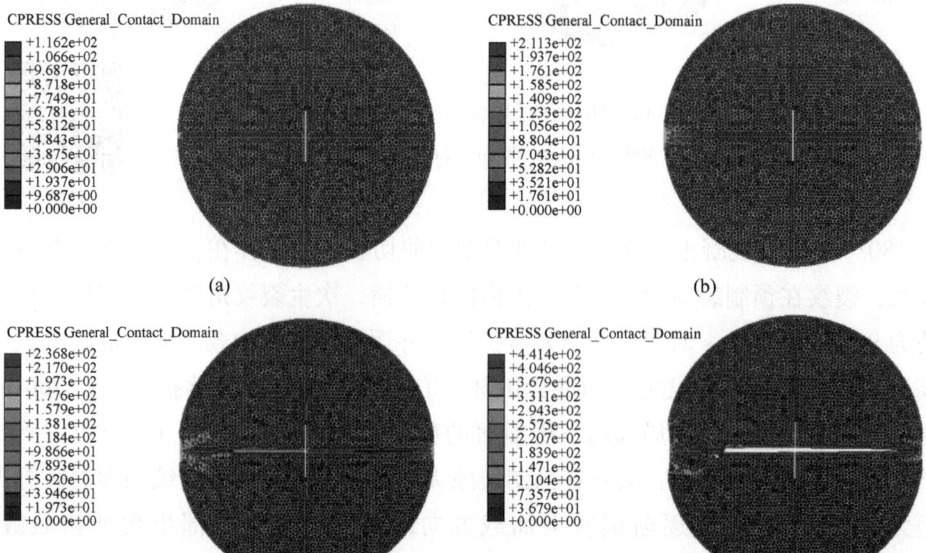

图 4-16　90°倾角裂隙混凝土试样裂缝扩展过程

（a）400 μs；（b）500 μs；（c）600 μs；（d）700 μs

彩图

600 μs 时刻，加载方向裂缝显著扩展，混凝土试样靠近入射杆端的局部发生剪切混合破坏。在 700 μs 时刻，混凝土左右两端局部均发生显著的剪切复杂破坏，沿预制裂缝方向产生裂缝。因此，90°倾角混凝土试样的动态破坏模式为：次生裂纹首先出现在加载方向，由内向外扩展，混凝土试样端部出现剪切裂缝。

图 4-17 为 90°倾角试样的动态拉伸应力-应变曲线。可以看出，随着应变的增加，混凝土试样的拉伸应力先近似线性增加，随后随着裂纹的扩展，应力增长斜率变小，直至达到峰值强度，约为 6.65 MPa。整体上，裂纹扩展模式与实验结果具有很好的一致性。

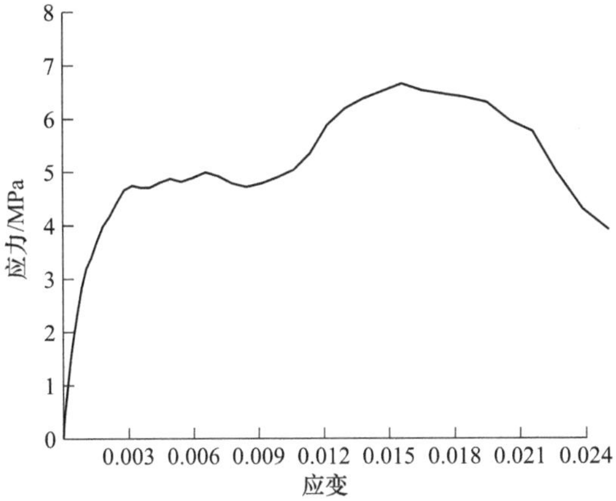

图 4-17 90°倾角裂隙混凝土动态应力-应变曲线

图 4-18 为模拟与实验得到的混凝土试样破坏模式对比图。可以看出，模拟结果与实验结果具有较好的一致性。0°裂隙试样的次生主裂纹沿加载方向。30°、45°、60°裂隙试样次生主裂纹萌生于预制裂缝尖端，扩展过程中逐渐偏转至加载方向。90°裂隙试样次生主裂纹沿加载方向，但沿预制裂隙方向有新裂纹。整体上，动态 SHBP 巴西圆盘冲击下，预制裂缝混凝土试样两端均出现剪切带。30°、45°、60°裂隙试样出现明显的楔形破坏块。

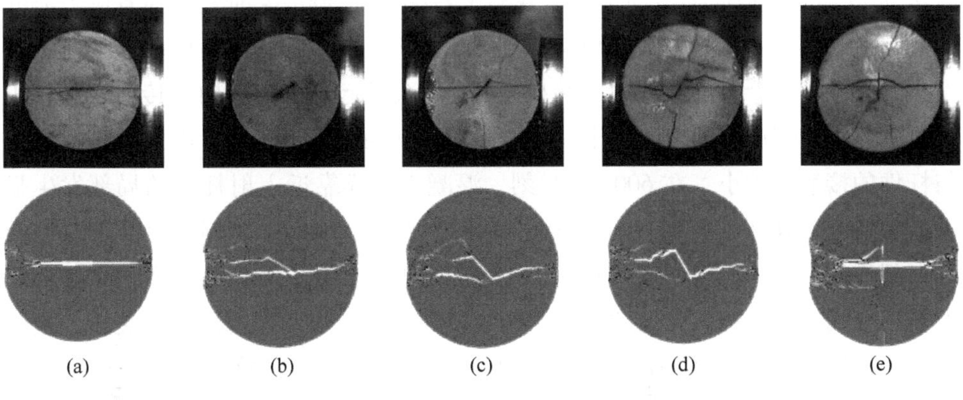

图 4-18 含裂隙混凝土破坏模式对比

(a) 0°；(b) 30°；(c) 45°；(d) 60°；(e) 90°

图 4-19 为不同倾角裂隙试样的动态抗拉强度。可以看出，在 0~90°范围内，随着裂隙倾角增加，混凝土动态抗拉强度呈现先减小后增加的趋势，在 30°时抗拉强度最小。因此，在振动荷载与预制裂缝方向呈现夹角时，混凝土试样更容易发生裂缝扩展和破坏。10 mm 缝长试样和 20 mm 缝长试样对比可以发现，裂缝长度较小的试样强度较高，裂缝较长的试样破坏模式受到裂缝的影响更为显著。整体上，当动态加载方向与裂缝夹角在 30°~60°范围内，混凝土试样的抗冲击能力更差，强度更低。

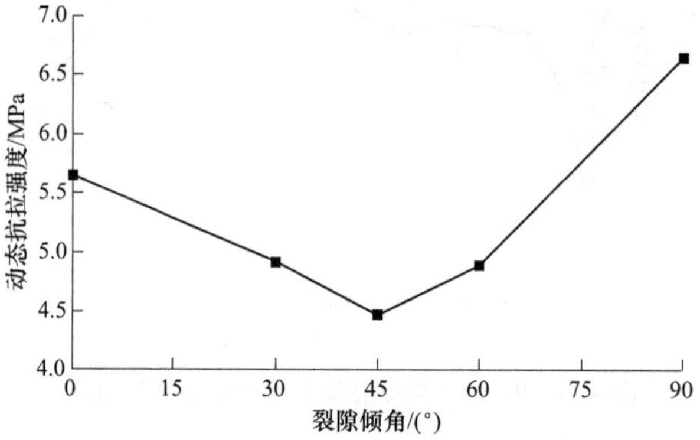

图 4-19　含裂隙混凝土动态抗拉强度

4.5.3.2　裂隙长度 20 mm、宽度 0.5 mm 的试件模拟结果

数值模拟能够较好地捕捉混凝土裂纹扩展过程。图 4-20 为 0°倾角试样的裂纹扩展过程。由图可以看出，在 400 μs 时刻，入射杆与混凝土试样的最大接触力达到 77 MPa，但应力波尚未传至混凝土右端。在 500 μs 时刻，随着应力波的传播，入射和透射端的最大接触应力约为 25 MPa，混凝土试样在动态平衡状态发生开裂，裂纹沿着加载方向，并在预制裂缝尖端起裂，由内向外传播，裂纹扩展模式与经典理论解和实验结果一致。随着荷载的进一步发展，因裂缝扩展试样与杆件的接触力减小，在 600 μs 时刻，混凝土试样靠近入射杆端的局部发生显著的剪切混合破坏，右侧混凝土裂纹持续扩展。在 700 μs 时刻，混凝土左右两端局部均发生显著的剪切复杂破坏，接触力反增。因此，0°倾角混凝土试样的动态破坏模式为：沿加载方向的中部主裂纹拉伸扩展，随后为端部剪切裂缝。进一步基于接触力计算试样的动态拉伸应力，基于杆件位移计算混凝土试样轴向应变，得到 0°倾角裂隙混凝土的动态应力-应变曲线，如图 4-21 所示。可以看出，随着应变的增加，混凝土试样的拉伸应力先近似线性增加，随着损伤进行，应力

进入缓慢增加阶段，直至达到峰值强度，随后随着裂纹的扩展，应力逐渐下降，最后当进入端部剪切阶段后，应力有一定程度的反增。混凝土试样的动态拉伸强度为第一次峰值点，约为 4.7 MPa。整体上，模拟结果与实验结果和理论解析具有很好的一致性。

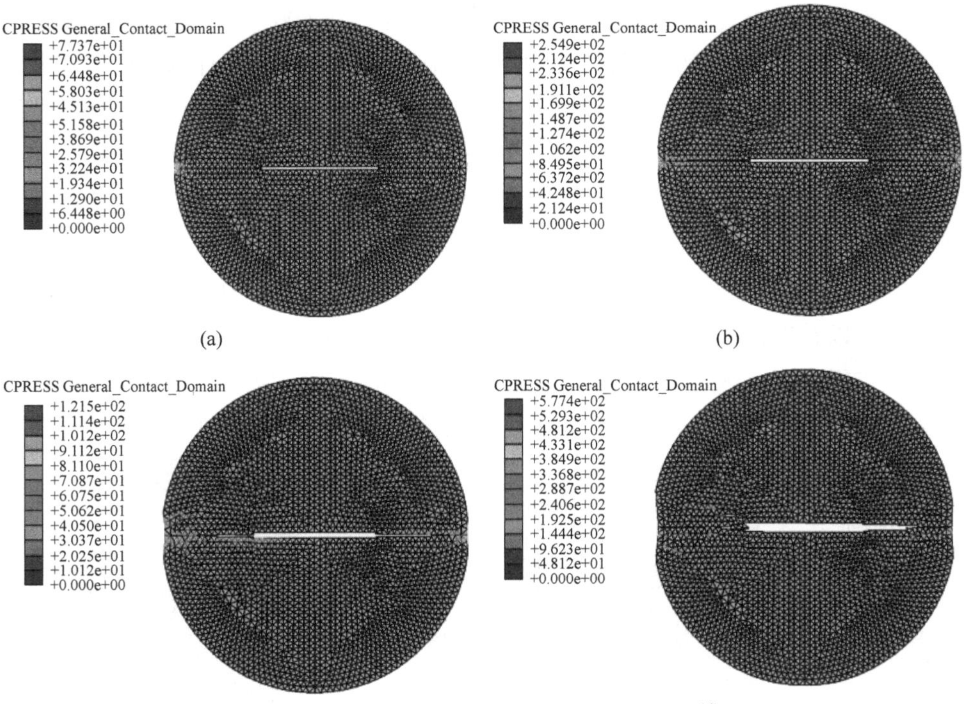

图 4-20 0°倾角裂隙混凝土试样裂缝扩展过程

(a) 400 μs；(b) 500 μs；(c) 600 μs；(d) 700 μs

彩图

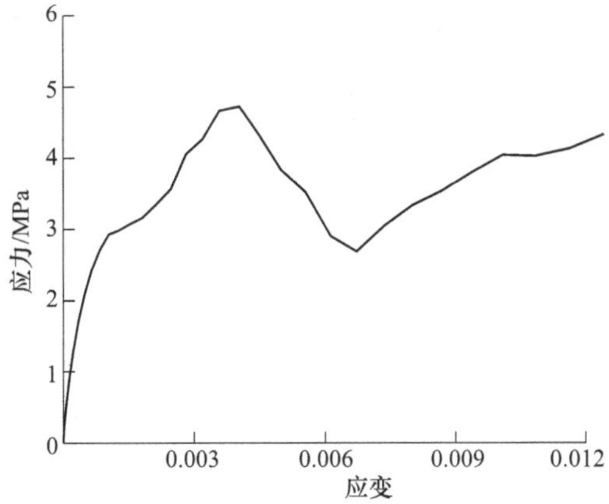

图 4-21 0°倾角裂隙混凝土动态应力-应变曲线

图 4-22 为 30°倾角试样的动态裂纹扩展过程。由图可以看出，在 400 μs 时刻，入射杆与混凝土试样的最大接触力达到 51.25 MPa，但应力波尚未传至混凝土右端。在 500 μs 时刻，随着应力波的传播，入射和透射端的最大接触应力约为 18.7 MPa，混凝土试样两端呈现典型的剪切状态，试样在动态平衡状态发生开裂，裂纹在预制裂隙尖端起裂，由内向外传播。在 600 μs 时刻，裂缝显著扩展，扩展角度与预制裂缝夹角约为 110°，混凝土试样靠近入射杆端的局部发生剪切混合破坏，右侧混凝土裂纹持续扩展。在 700 μs 时刻，混凝土左右两端局部均发生显著的剪切复杂破坏，裂缝逐渐偏转向加载方向。因此，30°倾角混凝土试样的动态破坏模式为：裂纹在预制裂隙尖端拉伸起裂，次生裂纹与预制裂缝夹角为 110°，次生裂纹逐渐偏转至加载方向，混凝土试样端部出现剪切裂缝，靠近入射端处复杂剪切破坏更为显著。图 4-23 为 30°倾角试样的动态拉伸应力-应变曲线。可以看出，随着应变的增加，混凝土试样的拉伸应力先近似线性增加，随着损伤进行，直至达到峰值强度，随后随着裂纹的扩展，应力逐渐下降，最后当进入端部剪切阶段后，应力有一定程度的反增。混凝土试样的动态拉伸强度为第

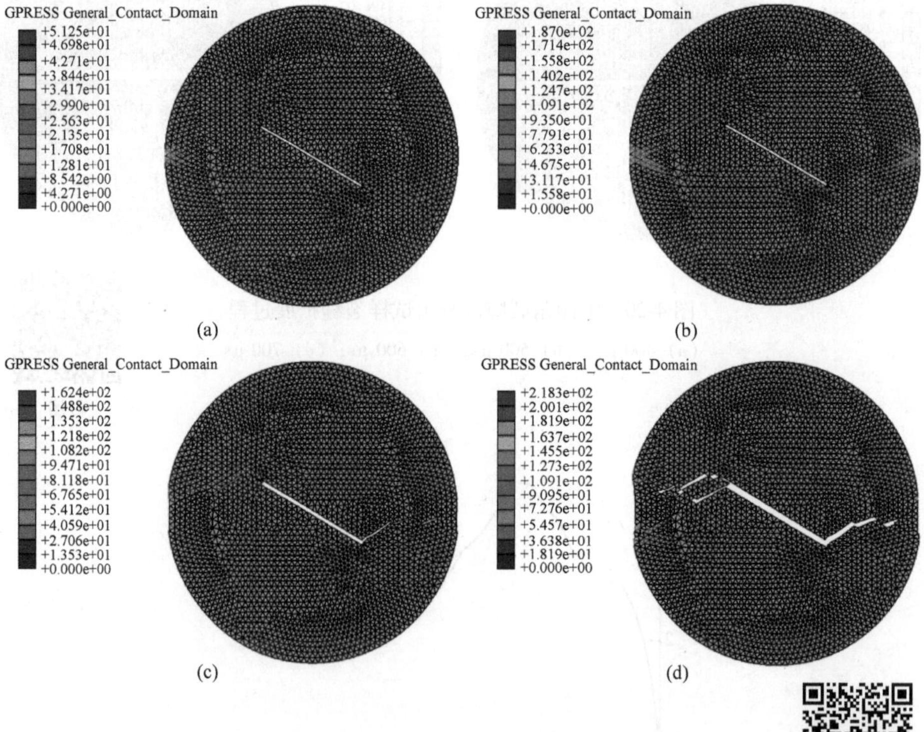

图 4-22　30°倾角裂隙混凝土试样裂缝扩展过程

(a) 400 μs；(b) 500 μs；(c) 600 μs；(d) 700 μs

彩图

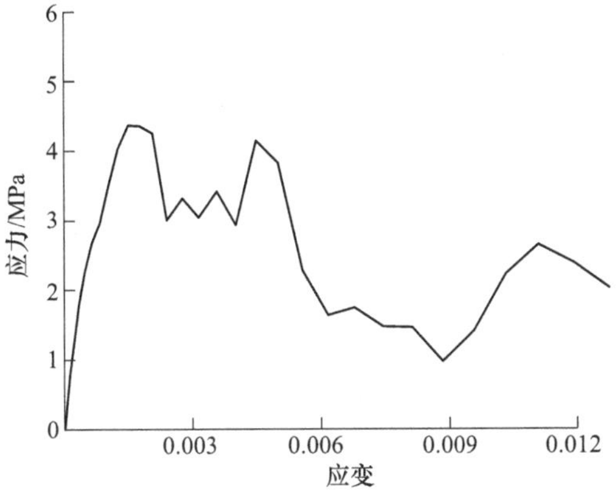

图 4-23　30°倾角裂隙混凝土动态应力-应变曲线

一次峰值点，约为 4.4 MPa。整体上，裂纹扩展模式与实验结果具有很好的一致性。

图 4-24 为 45°倾角试样的动态裂纹扩展过程。由图可以看出，在 400 μs 时

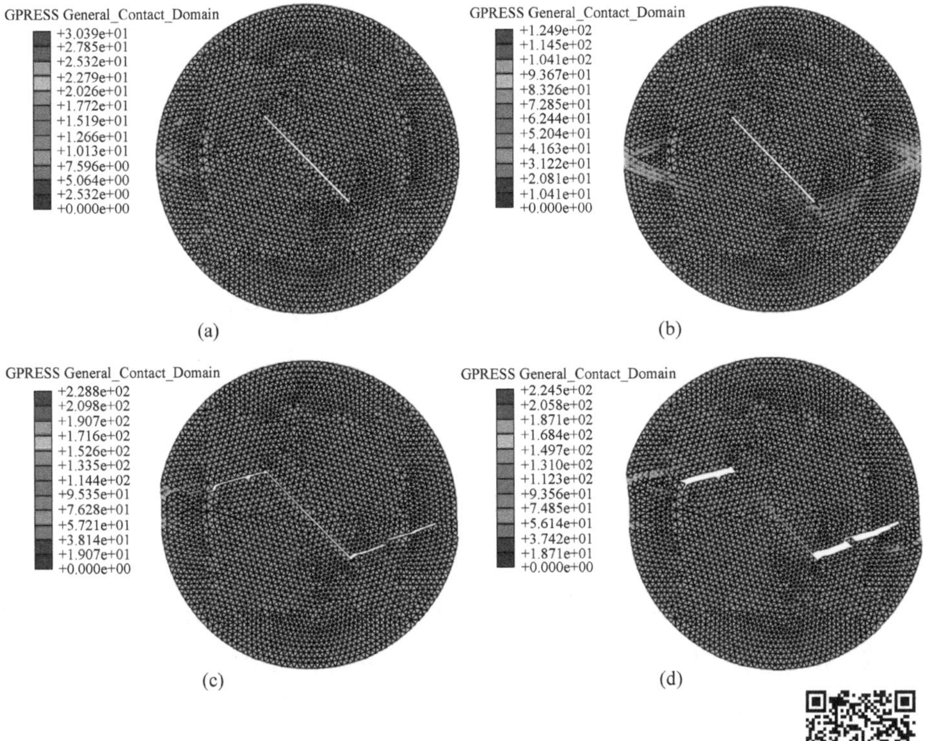

彩图

图 4-24　45°倾角裂隙混凝土试样裂缝扩展过程

(a) 400 μs；(b) 500 μs；(c) 600 μs；(d) 700 μs

刻，入射杆与混凝土试样的最大接触力达到 30. 39 MPa，但应力波尚未传至混凝土右端。在 500 μs 时刻，随着应力波的传播，入射和透射端的最大接触应力约为 12. 49 MPa，混凝土试样两端呈现典型的剪切状态，试样在动态平衡状态发生开裂，裂纹在预制裂隙尖端起裂，由内向外传播，次生裂纹角度与预制裂缝角度约为 105°。在 600 μs 时刻，裂缝显著扩展，混凝土试样靠近入射杆端的局部发生剪切混合破坏，右侧混凝土裂纹持续扩展。在 700 μs 时刻，混凝土左右两端局部均发生显著的剪切复杂破坏，裂缝逐渐偏转向加载方向。因此，45°倾角混凝土试样的动态破坏模式为：裂纹在预制裂隙尖端拉伸起裂，次生裂纹与预制裂缝夹角为 105°，次生裂纹逐渐偏转至加载方向，混凝土试样端部出现剪切裂缝，靠近入射端处复杂剪切破坏更为显著。图 4-25 为 45°倾角试样的动态拉伸应力-应变曲线。可以看出，随着应变的增加，混凝土试样的拉伸应力先近似线性增加，随着损伤进行，直至达到峰值强度，随后随着裂纹的扩展，应力逐渐下降，最后当进入端部剪切阶段后，应力有一定程度的反增。混凝土试样的动态拉伸强度为第一次峰值点，约为 4. 3 MPa。整体上，裂纹扩展模式与实验结果具有很好的一致性。

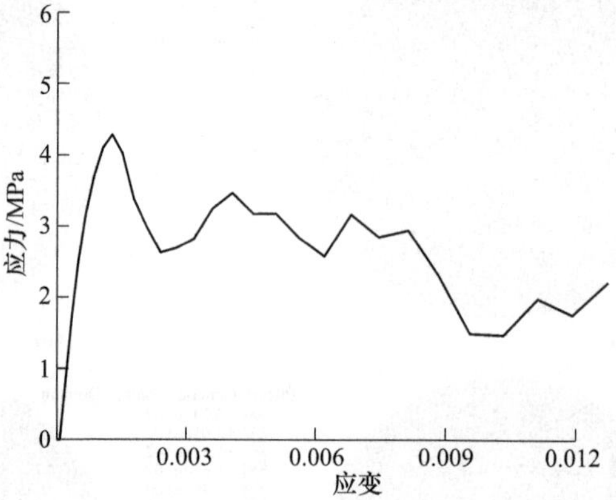

图 4-25　45°倾角裂隙混凝土动态应力-应变曲线

图 4-26 为 60°倾角试样的动态裂纹扩展过程。由图可以看出，在 400 μs 时刻，入射杆与混凝土试样的最大接触力达到 47. 99 MPa，但应力波尚未传至混凝土右端。在 500 μs 时刻，随着应力波的传播，入射和透射端的最大接触应力约为 20. 61 MPa，混凝土试样两端呈现典型的剪切状态，试样在动态平衡状态发生开裂，裂纹在预制裂隙尖端起裂，由内向外传播，次生裂纹角度与预制裂缝角度约为 80°。在 600 μs 时刻，裂缝显著扩展，并逐渐偏转至加载方向，混凝土试样

靠近入射杆端的局部发生剪切混合破坏，右侧混凝土裂纹持续扩展。在 700 μs 时刻，混凝土左右两端局部均发生显著的剪切复杂破坏，沿预制裂缝方向产生剪切裂缝，导致试样发生三角楔形破坏。因此，60°倾角混凝土试样的动态破坏模式为：裂纹在预制裂隙尖端拉伸起裂，次生裂纹与预制裂缝夹角为 80°，次生裂纹逐渐偏转至加载方向，混凝土试样端部出现剪切裂缝，沿预制裂缝方向的剪切裂缝与初始次生裂纹导致试样楔形破坏。图 4-27 为 60°倾角试样的动态拉伸应力-应变曲线。可以看出，随着应变的增加，混凝土试样的拉伸应力先近似线性增加，直至达到峰值强度，随后随着裂纹的扩展，应力逐渐下降，最后当进入端部剪切阶段后，应力有一定程度的反增。混凝土试样的动态拉伸强度为第一次峰值点，约为 4.5 MPa。整体上，裂纹扩展模式与实验结果具有很好的一致性。

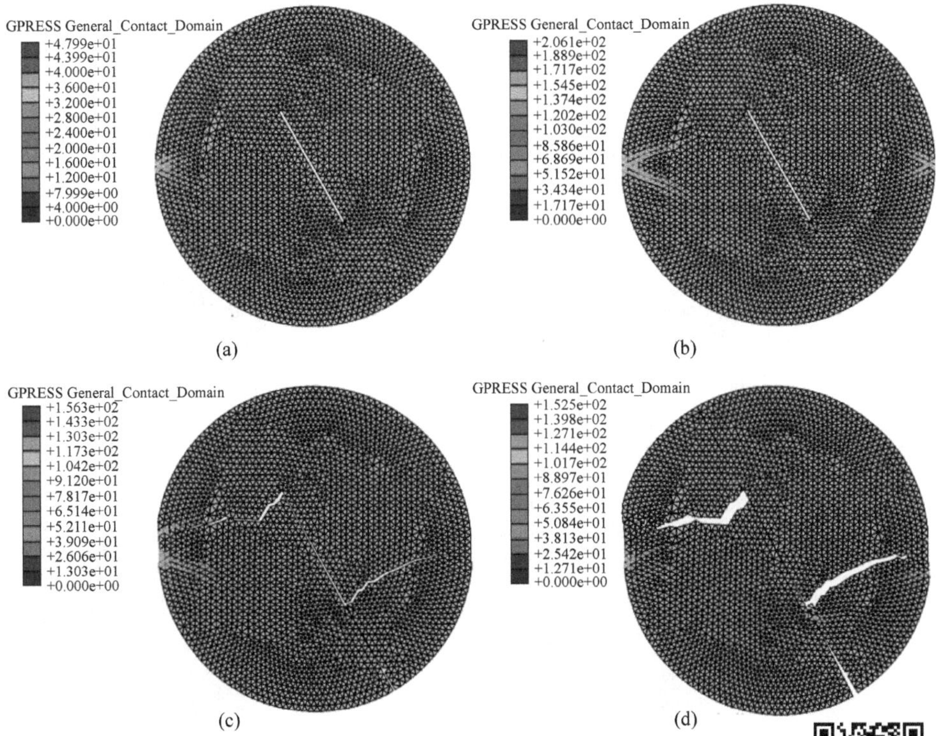

图 4-26 60°倾角裂隙混凝土试样裂缝扩展过程

（a）400 μs；（b）500 μs；（c）600 μs；（d）700 μs

彩图

图 4-28 为 90°倾角试样的动态裂纹扩展过程。由图可以看出，在 400 μs 时刻，入射杆与混凝土试样的最大接触力达到 76.06 MPa，但应力波尚未传至混凝土右端。在 500 μs 时刻，随着应力波的传播，入射和透射端的最大接触应力约

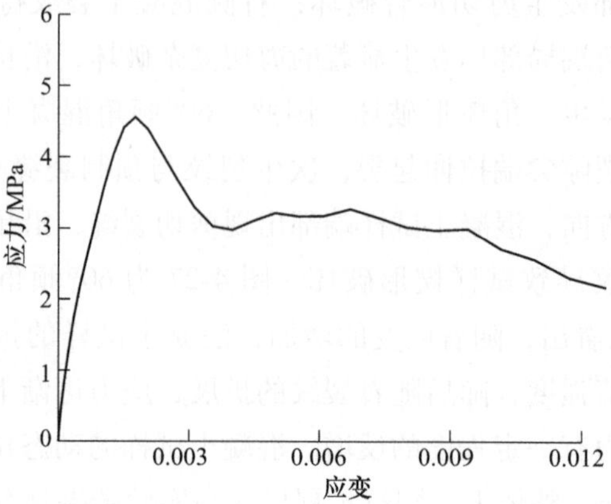

图 4-27　60°倾角裂隙混凝土动态应力-应变曲线

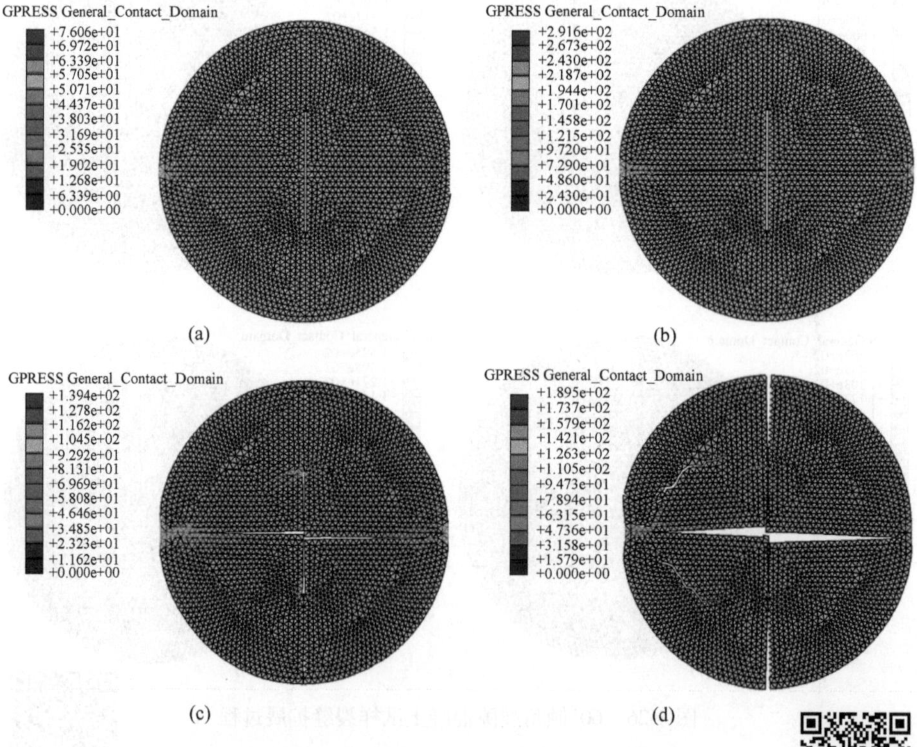

图 4-28　90°倾角裂隙混凝土试样裂缝扩展过程

（a）400 μs；（b）500 μs；（c）600 μs；（d）700 μs

彩图

为 29. 16 MPa，混凝土试样两端呈现典型的剪切状态，试样在动态平衡状态发生开裂，裂纹在预制裂隙尖端起裂，由内向外传播，次生裂纹沿加载方向。在

600 μs 时刻，加载方向裂缝显著扩展，预制裂缝尖端出现应力集中和剪切裂纹，混凝土试样靠近入射杆端的局部发生剪切混合破坏。在 700 μs 时刻，混凝土左右两端局部均发生显著的剪切复杂破坏，沿预制裂缝方向产生裂缝，试样整体发生贯穿四分之一圆破坏。因此，90°倾角混凝土试样的动态破坏模式为：次生裂纹首先出现在加载方向，由内向外扩展，混凝土试样端部出现剪切裂缝，沿预制裂缝方向出现剪切裂缝，导致试样最后发生贯穿四分之一圆破坏。图 4-29 为 90°倾角试样的动态拉伸应力-应变曲线。可以看出，随着应变的增加，混凝土试样的拉伸应力先近似线性增加，直至达到峰值强度，随后随着裂纹的扩展，应力逐渐下降，最后当进入端部剪切阶段后，应力缓慢下降基本稳定。混凝土试样的动态拉伸强度为第一次峰值点，约为 4.9 MPa。整体上，裂纹扩展模式与实验结果具有很好的一致性。

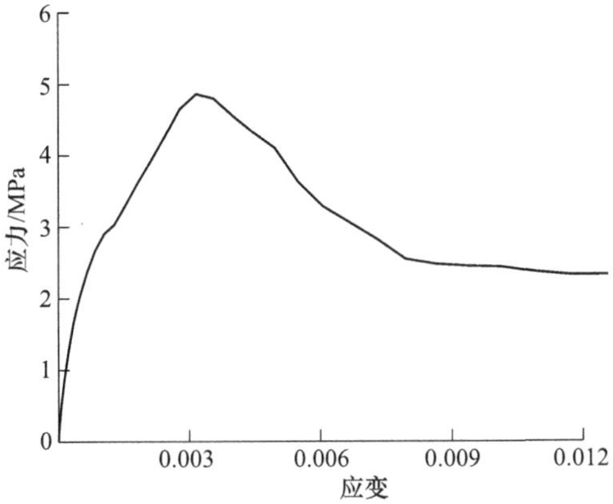

图 4-29 90°倾角裂隙混凝土动态应力-应变曲线

图 4-30 为模拟与实验得到的混凝土试样破坏模式对比图。可以看出，模拟结果与实验结果具有较好的一致性。0°裂隙试样的次生主裂纹沿加载方向。30°、45°、60°裂隙试样次生主裂纹萌生于预制裂缝尖端，扩展过程中逐渐偏转至加载方向。90°裂隙试样次生主裂纹沿加载方向，但沿预制裂隙方向有新裂纹。整体上，动态 SHBP 巴西圆盘冲击下，预制裂缝混凝土试样两端均出现剪切带。30°、45°、60°裂隙试样出现明显的楔形破坏块，90°裂隙试样以四分之一圆形式破坏。

图 4-31 为不同倾角裂隙试样的动态抗拉强度。在 0°~90°范围内，随着裂隙倾角增加，混凝土动态抗拉强度呈现先减小后增加的趋势，在 45°时抗拉强度最小。因此，在振动荷载与预制裂缝方向呈现夹角时，混凝土试样更容易发生裂缝扩展和破坏。

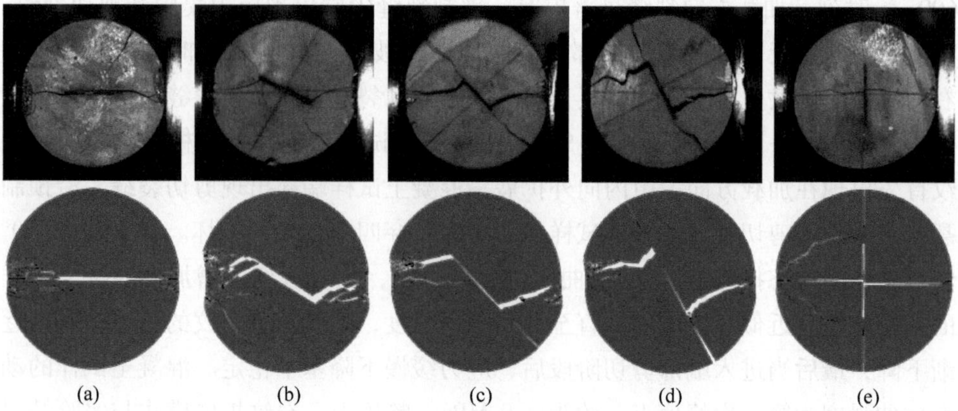

图 4-30　含裂隙混凝土破坏模式对比

(a) 0°; (b) 30°; (c) 45°; (d) 60°; (e) 90°

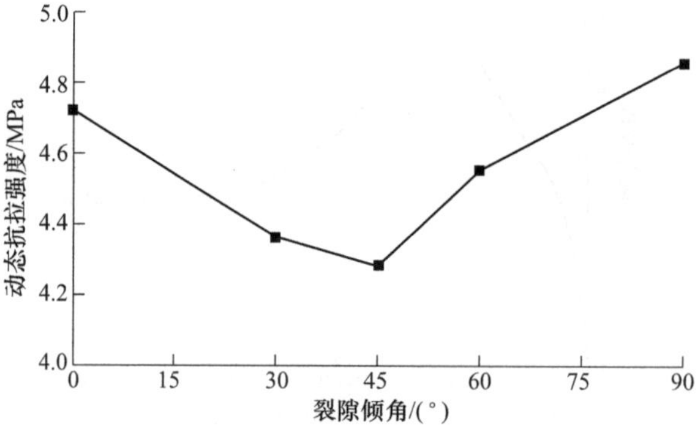

图 4-31　含裂隙混凝土动态抗拉强度

数值模拟计算结果显示，含裂隙试件强度明显低于完整试件，模拟实验获得的力学指标变化规律与理论计算和室内实验匹配性良好，在裂隙倾角 45°~60°的时候抗拉强度达到最低，倾角为 90°时，力学指标最优。模拟冲击载荷下的裂隙起裂-扩展-破裂模式与实验结果基本吻合，由此证明了最大畸变能准则能够较准确的描述冲击载荷作用下的裂隙破裂特征，可以使用在工程含裂隙结构体的稳定性评价及危险评估中。

5　地铁振动载荷下隧道衬砌裂缝风险评价研究

5.1　结构既有裂缝分类

5.1.1　工程概况

本项目裂缝检测及调研区域为有地铁 9 号线丰台南路站～丰台东大街站（K4+410～K4+975）、丰台东大街站（K4+975～K5+120），共双线 710 米。区间的线路走向基本为南北走向，区间线路线型为直线+曲线，区间工法为矿山，采用标准马蹄形断面，断面尺寸为 6.2 m×6.5 m，初衬厚度 0.25 m，二衬厚度 0.30 m。区间线间距为 14～23 m，埋深为 9～13 m。左线曲线半径为 1500 m，右线曲线半径为 1000 m，区间线路纵坡为 20.17‰及 4‰。

5.1.2　裂缝信息

以万寿路南延道路工程穿越地铁 9 号线结构病害检测项目为依托，采用激光测距仪、裂缝测宽仪和裂缝测深仪获取实验区段隧道衬砌既有裂缝的长度、宽度、深度等参数及其区域分布特征。实验区段长度 710 m，共采集结构裂缝 436 条，其中上行线 245 条裂缝，下行线 191 条裂缝，其中贯穿至结构顶部或全断面环向裂缝 69 条，其余均为局部横向裂缝，无纵向裂缝。

上行线外轨侧墙共发现 126 条裂缝，宽度在 0.13～0.65 mm 之间，长度在 0.6 m～贯通之间，深度在 21～131 mm 之间；上行线内轨侧墙发现 119 条裂缝，宽度在 0.21～0.77 mm，长度在 0.3 m～贯通之间，深度在 17～127 mm 之间。

下行线外轨侧墙共发现 133 条裂缝，宽度在 0.2～0.61 mm 之间，长度在 2 m～贯通之间，深度在 60～118 mm 之间；下行线内轨侧墙发现 58 条裂缝，宽度在 0.2～0.7 mm，长度在 2.0 m～贯通之间，深度在 42～110 mm 之间。

以 K4+410～K5+120 上行线外轨侧墙具体信息如表 5-1 所示。

表 5-1　K4+410～K5+120 区间段上行线外轨裂缝

序号	裂缝位置	裂缝产状描述		序号	裂缝位置	裂缝产状描述	
		长度/m	宽度/mm			长度/m	宽度/mm
1	K4+413. 5	4	0. 56	34	K4+570	7. 6	0. 26
2	K4+417	贯通	0. 52	35	K4+582	1. 2	0. 23
3	K4+419	5. 5	0. 28	36	K4+583	贯通	0. 28
4	K4+420	6	0. 35	37	K4+593. 6	贯通	0. 22
5	K4+421	3. 2	0. 41	38	K4+596. 5	贯通	0. 24
6	K4+423	2. 4	0. 48	39	K4+597	3. 2	0. 38
7	K4+425	2. 1	0. 31	40	K4+597	3. 5	0. 36
8	K4+426	3. 5	0. 48	41	K4+598. 2	3. 7	0. 31
9	K4+431	1. 7	0. 32	42	K4+598. 9	贯通	0. 31
10	K4+434. 3	4. 5	0. 41	43	K4+606	1. 5	0. 33
11	K4+436	3. 8	0. 23	44	K4+607. 5	3. 2	0. 24
12	K4+437. 5	4. 2	0. 62	45	K4+608. 5	贯通	0. 26
13	K4+439. 5	到顶	0. 41	46	K4+610	3. 5	0. 33
14	K4+446. 5	5. 3	0. 52	47	K4+611	1	0. 21
15	K4+452	3. 5	0. 43	48	K4+612	贯通	0. 32
16	K4+454	5. 1	0. 48	49	K4+616	贯通	0. 36
17	K4+451. 5	5. 2	0. 47	50	K4+617	贯通	0. 31
18	K4+452	9. 6	0. 32	51	K4+618. 5	6. 5	0. 34
19	K4+468	6. 5	0. 65	52	K4+623. 5	6. 8	0. 23
20	K4+471	1. 8	0. 49	53	K4+624. 9	2. 3	0. 3
21	K4+470	0. 6	0. 39	54	K4+632	4. 3	0. 25
22	K4+481	8. 1	0. 36	55	K4+633. 5	贯通	0. 32
23	K4+528	1. 8	0. 21	56	K4+635	贯通	0. 31
24	K4+541. 3	2. 1	0. 22	57	K4+638	4. 3	0. 36
25	K4+537	2. 8	0. 24	58	K4+648. 3	4. 3	0. 24
26	K4+544	贯通	0. 42	59	K4+654	3. 6	0. 26
27	K4+542	贯通	0. 42	60	K4+662	4. 5	0. 3
28	K4+550	贯通	0. 37	61	K4+667	6. 6	0. 23
29	K4+545	3. 2	0. 25	62	K4+674	3. 1	0. 32
30	K4+546	0. 7	0. 32	63	K4+697	1. 3	0. 26
31	K4+547	2. 7	0. 28	64	K4+703	5. 2	0. 31
32	K4+562	3. 6	0. 22	65	K4+717. 1	贯通	0. 25
33	K4+569. 5	贯通	0. 23	66	K4+721	3. 6	0. 27

续表 5-1

序号	裂缝位置	裂缝产状描述		序号	裂缝位置	裂缝产状描述	
		长度/m	宽度/mm			长度/m	宽度/mm
67	K4+733.6	5.4	0.24	97	K4+855	3.5	0.33
68	K4+737	贯通	0.34	98	K4+857.5	贯通	0.43
69	K4+738.8	6.7	0.33	99	K4+862.2	贯通	0.34
70	K4+741	2.9	0.31	100	K4+868	5.5	0.31
71	K4+743	贯通	0.42	101	K4+874	3.1	0.28
72	K4+747	贯通	0.24	102	K4+876	贯通	0.52
73	K4+749.7	贯通	0.31	103	K4+881	9.2	0.31
74	K4+753	贯通	0.41	104	K4+882.5	5.8	0.32
75	K4+755	贯通	0.58	105	K4+884	5.3	0.47
76	K4+759	贯通	0.28	106	K4+889	7.9	0.57
77	K4+761	7.2	0.22	107	K4+898	3.4	0.31
78	K4+762	7.1	0.28	108	K4+901	3.1	0.36
79	K4+772	贯通	0.23	109	K4+903	3.9	0.22
80	K4+775	贯通	0.27	110	K4+906	贯通	0.23
81	K4+778	贯通	0.31	111	K4+904	4.8	0.21
82	K4+781.7	8.2	0.37	112	K4+919	2.5	0.32
83	K4+786.5	贯通	0.29	113	K4+923.5	3.8	0.35
84	K4+790	贯通	0.32	114	K4+925	6.7	0.33
85	K4+793	4.5	0.32	115	K4+931	3.5	0.28
86	K4+795	贯通	0.3	116	K4+934.5	3.7	0.32
87	K4+800	贯通	0.32	117	K4+937	2.3	0.29
88	K4+811.7	6.2	0.3	118	K4+941.9	贯通	0.42
89	K4+817	贯通	0.38	119	K4+941.3	7.1	0.35
90	K4+818	贯通	0.38	120	K4+942.5	贯通	0.41
91	K4+823.1	贯通	0.42	121	K4+944.8	1.5	0.32
92	K4+831	贯通	0.23	122	K4+947.3	2.2	0.14
93	K4+839.5	贯通	0.39	123	K4+954	2.1	0.13
94	K4+840	3.7	0.41	124	K4+490.2	1.1	0.43
95	K4+841.3	贯通	0.34	125	K4+963.2	3.2	0.42
96	K4+844.2	贯通	0.31	126	K4+964.6	1.2	0.21

K4+410～K5+120 区间段上行线内轨裂缝如表 5-2 所示。

表 5-2　K4+410～K5+120 区间段上行线内轨裂缝

序号	裂缝位置	裂缝产状描述		序号	裂缝位置	裂缝产状描述	
		长度/m	宽度/mm			长度/m	宽度/mm
1	K4+489	2.1	0.31	34	K4+829	贯通	0.34
2	K4+954	1.8	0.29	35	K4+828	1	0.22
3	K4+947	2.8	0.24	36	K4+825.5	贯通	0.31
4	K4+942.1	7.6	0.31	37	K4+824.1	1.2	0.21
5	K4+940.3	6.6	0.28	38	K4+815	3.5	0.32
6	K4+931	0.3	0.57	39	K4+810	2.1	0.35
7	K4+930	2.2	0.23	40	K4+801	2.1	0.32
8	K4+924	7.7	0.3	41	K4+779.4	7.9	0.34
9	K4+919	7.1	0.31	42	K4+779	7.8	0.38
10	K4+916.7	2.3	0.33	43	K4+779.2	贯通	0.41
11	K4+919	6.2	0.51	44	K4+778.5	贯通	0.22
12	K4+903	2.8	0.21	45	K4+778	贯通	0.3
13	K4+899.4	2.1	0.29	46	K4+771.6	4.1	0.32
14	K4+898	8.7	0.31	47	K4+794.2	4.5	0.31
15	K4+893	网到顶	0.21	48	K4+791.8	5.1	0.35
16	K4+891	1	0.23	49	K4+790.3	贯通	0.33
17	K4+890	3.8	0.24	50	K4+786	3.2	0.33
18	K4+886	网到顶	0.26	51	K4+785.6	3.6	0.23
19	K4+885	8.2	0.32	52	K4+777	6.9	0.36
20	K4+879	4.1	0.29	53	K4+759	3.2	0.33
21	K4+879	5.6	0.28	54	K4+757.5	4.3	0.31
22	K4+873	3.5	0.22	55	K4+757	5.1	0.28
23	K4+871	3.1	0.27	56	K4+752	3.8	0.31
24	K4+868	5.5	0.3	57	K4+745.7	4.7	0.27
25	K4+867	5.1	0.26	58	K4+741	4.5	0.41
26	K4+860.5	7	0.35	59	K4+736.2	3.1	0.3
27	K4+859	8.1	0.31	60	K4+731.2	贯通	0.36
28	K4+855	4.2	0.25	61	K4+718	3.2	0.27
29	K4+846.5	5.2	0.31	62	K4+712	3.6	0.24
30	K4+842	8.1	0.61	63	K4+673.2	5.6	0.36
31	K4+837	3.4	0.42	64	K4+670	3.2	0.32
32	K4+834	2.2	0.33	65	K4+664.1	网到顶	0.38
33	K4+832	9.1	0.37	66	K4+657.4	2.3	0.51

续表 5-2

序号	裂缝位置	裂缝产状描述		序号	裂缝位置	裂缝产状描述	
		长度/m	宽度/mm			长度/m	宽度/mm
67	K4+656	1. 8	0. 47	94	K4+491	2. 1	0. 34
68	K4+653. 3	3. 6	0. 27	95	K4+487	4. 2	0. 37
69	K4+648. 1	3. 2	0. 32	96	K4+483	2. 6	0. 24
70	K4+646. 5	贯通	0. 35	97	K4+480	5. 6	0. 35
71	K4+645. 3	2. 1	0. 33	98	K4+470	5. 7	0. 28
72	K4+636. 8	贯通	0. 38	99	K4+461. 5	5. 2	0. 38
73	K4+629. 3	2. 3	0. 24	100	K4+468	3. 9	0. 33
74	K4+624. 9	3. 1	0. 77	101	K4+458	8. 1	0. 41
75	K4+618. 3	5. 3	0. 54	102	K4+450	7. 1	0. 44
76	K4+610	3. 5	0. 24	103	K4+452	2. 1	0. 31
77	K4+606. 4	3. 8	0. 31	104	K4+444. 5	4. 1	0. 37
78	K4+604. 8	2. 7	0. 28	105	K4+441	7. 5	0. 39
79	K4+600	1. 7	0. 32	106	K4+440	3. 6	0. 42
80	K4+585	贯通	0. 32	107	K4+438	3. 1	0. 63
81	K4+586	4. 5	0. 31	108	K4+436	7. 6	0. 61
82	K4+571	贯通	0. 28	109	K4+433	3. 1	0. 68
83	K4+571. 3	贯通	0. 44	110	K4+432. 5	7. 2	0. 63
84	K4+571	贯通	0. 42	111	K4+430	4. 1	0. 31
85	K4+570	4. 7	0. 35	112	K4+427. 5	2. 5	0. 36
86	K4+551. 4	贯通	0. 45	113	K4+426	4. 5	0. 35
87	K4+550	3. 5	0. 29	114	K4+425	4. 24	0. 51
88	K4+548	5. 1	0. 33	115	K4+423. 5	7. 1	0. 37
89	K4+546. 5	3. 1	0. 21	116	K4+421	3. 78	0. 38
90	K4+544. 5	贯通	0. 32	117	K4+415. 5	5. 6	0. 38
91	K4+537. 5	4. 5	0. 41	118	K4+414	3. 5	0. 43
92	K4+535	5. 6	0. 32	119	K4+412	4. 6	0. 4
93	K4+526	2. 5	0. 46				

K4+410~K5+120 区间段下行线外轨裂缝如表 5-3 所示。

表 5-3　K4+410~K5+120 区间段下行线外轨裂缝

序号	裂缝位置	裂缝产状描述		序号	裂缝位置	裂缝产状描述	
		长度/m	宽度/mm			长度/m	宽度/mm
1	K4+413	6	0.31	34	K4+579	贯通	0.35
2	K4+420	4.5	0.28	35	K4+582	6	0.28
3	K4+426	4	0.3	36	K4+585	6	0.27
4	K4+432	4	0.2	37	K4+590	贯通	0.38
5	K4+437	贯通	0.28	38	K4+592	贯通	0.3
6	K4+452	3	0.2	39	K4+593.5	贯通	0.28
7	K4+458	4	0.32	40	K4+596	贯通	0.35
8	K4+461	3	0.28	41	K4+598.5	贯通	0.37
9	K4+470	2	0.2	42	K4+605	贯通	0.2
10	K4+513	2	0.21	43	K4+612	贯通	0.28
11	K4+522	3	0.23	44	K4+614	贯通	0.3
12	K4+528	4	0.28	45	K4+615.5	贯通	0.32
13	K4+534	3	0.28	46	K4+619	贯通	0.35
14	K4+535	贯通	0.3	47	K4+621	贯通	0.28
15	K4+540	贯通	0.38	48	K4+627	贯通	0.4
16	K4+541.5	贯通	0.35	49	K4+628	贯通	0.42
17	K4+542.5	贯通	0.32	50	K4+631	5	0.28
18	K4+547	贯通	0.4	51	K4+634	贯通	0.35
19	K4+550	贯通	0.35	52	K4+637	贯通	0.4
20	K4+552	3	0.25	53	K4+641	贯通	0.32
21	K4+555	贯通	0.35	54	K4+643	9	0.34
22	K4+558	贯通	0.27	55	K4+644	贯通	0.35
23	K4+560	贯通	0.3	56	K4+646	贯通	0.3
24	K4+562	贯通	0.3	57	K4+648	贯通	0.35
25	K4+564.5	贯通	0.35	58	K4+648.8	贯通	0.33
26	K4+567.5	贯通	0.3	59	K4+650	贯通	0.34
27	K4+568	贯通	0.28	60	K4+654	贯通	0.28
28	K4+570	贯通	0.3	61	K4+656	贯通	0.35
29	K4+571	3	0.2	62	K4+661	贯通	0.32
30	K4+571.5	贯通	0.3	63	K4+666	贯通	0.35
31	K4+575	贯通	0.28	64	K4+667	贯通	0.3
32	K4+576.5	贯通	0.35	65	K4+671	贯通	0.38
33	K4+577	贯通	0.34	66	K4+677	5	0.38

续表 5-3

序号	裂缝位置	裂缝产状描述		序号	裂缝位置	裂缝产状描述	
		长度/m	宽度/mm			长度/m	宽度/mm
67	K4+680	3	0. 26	101	K4+810	贯通	0. 3
68	K4+719	贯通	0. 38	102	K4+813	贯通	0. 42
69	K4+721	贯通	0. 48	103	K4+815	贯通	0. 5
70	K4+725	贯通	0. 23	104	K4+817	贯通	0. 25
71	K4+732	4	0. 27	105	K4+818	贯通	0. 48
72	K4+735	贯通	0. 36	106	K4+820	贯通	0. 34
73	K4+738	贯通	0. 28	107	K4+830	5	0. 23
74	K4+738	贯通	0. 35	108	K4+835	贯通	0. 5
75	K4+740	贯通	0. 35	109	K4+835	4	0. 27
76	K4+743	贯通	0. 32	110	K4+836	6	0. 32
77	K4+745	贯通	0. 25	111	K4+842	贯通	0. 43
78	K4+748	贯通	0. 35	112	K4+844	贯通	0. 25
79	K4+751	贯通	0. 28	113	K4+847	贯通	0. 5
80	K4+753	贯通	0. 32	114	K4+850	贯通	0. 25
81	K4+755	贯通	0. 35	115	K4+853	贯通	0. 3
82	K4+756	贯通	0. 34	116	K4+857	贯通	0. 3
83	K4+758. 5	贯通	0. 35	117	K4+860	贯通	0. 27
84	K4+760	贯通	0. 37	118	K4+868	贯通	0. 3
85	K4+765	6	0. 3	119	K4+870	贯通	0. 4
86	K4+767	贯通	0. 35	120	K4+874	贯通	0. 5
87	K4+770	贯通	0. 38	121	K4+875	8	0. 27
88	K4+772	贯通	0. 4	122	K4+881	贯通	0. 29
89	K4+775	贯通	0. 42	123	K4+882	贯通	0. 25
90	K4+777	贯通	0. 5	124	K4+888	贯通	0. 38
91	K4+779	贯通	0. 38	125	K4+905	8	0. 24
92	K4+782	贯通	0. 3	126	K4+906	6	0. 25
93	K4+784	贯通	0. 55	127	K4+909	贯通	0. 31
94	K4+785. 5	贯通	0. 34	128	K4+912	贯通	0. 38
95	K4+790	7	0. 5	129	K4+917	贯通	0. 23
96	K4+794	6	0. 38	130	K4+921	贯通	0. 28
97	K4+796	贯通	0. 48	131	K4+929	贯通	0. 61
98	K4+800. 5	7	0. 39	132	K4+933	贯通	0. 31
99	K4+803	贯通	0. 34	133	K4+943	贯通	0. 5
100	K4+806	贯通	0. 25				

K4+410~K5+120 区间段下行线内轨裂缝如表 5-4 所示。

表 5-4　K4+410~K5+120 区间段下行线内轨裂缝

序号	裂缝位置	裂缝产状描述		序号	裂缝位置	裂缝产状描述	
		长度/m	宽度/mm			长度/m	宽度/mm
1	K4+959	4	0. 31	30	K4+786	8. 7	0. 33
2	K4+958	4	0. 3	31	K4+773	9	0. 27
3	K4+939	8	0. 4	32	K4+766	9	0. 63
4	K4+936	5. 3	0. 25	33	K4+764	4	0. 32
5	K4+928	3	0. 4	34	K4+731	6	0. 35
6	K4+925	3. 3	0. 31	35	K4+727	贯通	0. 31
7	K4+920	3	0. 5	36	K4+711	贯通	0. 28
8	K4+919	3	0. 32	37	K4+707. 5	贯通	0. 22
9	K4+914	6. 3	0. 27	38	K4+657	4	0. 28
10	K4+912	3	0. 4	39	K4+652	贯通	0. 35
11	K4+901	贯通	0. 35	40	K4+640	贯通	0. 28
12	K4+894	贯通	0. 4	41	K4+648	贯通	0. 35
13	K4+887	7	0. 42	42	K4+623	5	0. 27
14	K4+872	贯通	0. 21	43	K4+609	5	0. 29
15	K4+866	贯通	0. 6	44	K4+600	贯通	0. 35
16	K4+862	4	0. 3	45	K4+594	贯通	0. 23
17	K4+849	3	0. 3	46	K4+580	4	0. 37
18	K4+842	3	0. 3	47	K4+544. 5	10	0. 23
19	K4+840	4	0. 3	48	K4+537	4	0. 37
20	K4+834	贯通	0. 7	49	K4+531	贯通	0. 45
21	K4+833	3	0. 25	50	K4+488	3	0. 41
22	K4+829	贯通	0. 32	51	K4+477	2	0. 36
23	K4+824	4	0. 25	52	K4+473	4	0. 4
24	K4+822	3	0. 22	53	K4+467	2	0. 28
25	K4+807	12. 5	0. 25	54	K4+465	9	0. 4
26	K4+802	3	0. 3	55	K4+460	贯通	0. 37
27	K4+795	10	0. 2	56	K4+429	3	0. 3
28	K4+794	4	0. 28	57	K4+422	贯通	0. 44
29	K4+787	8	0. 28	58	K4+418	3	0. 35

5.2 风险等级划分

地铁振动在结构体中产生的动态应力为 $\sigma=\rho cv$（介质密度、弹性纵波波速和质点振动速度），动态应力与结构本身的抗拉强度的比值可作为结构安全的衡量标准，根据第 4 章最大畸变能准则计算结果显示，可以通过监测所获得的质点振动速度和衬砌混凝土密度，纵波波速计算得到相应点位的动态应力，从而获得裂隙端部畸变能，对裂隙开裂-扩展与否进行定性判断。

现场观测裂隙走向基本以垂直隧道走向方向分布，现场采集振动数据如表 5-5 所示，将立体问题简化为平面应变问题，振动效应较大的方向为沿轨道方向的水平振动和垂直轨道方向的水平振动。以隧道侧墙为例，裂隙分布走向为垂直与隧道走向，裂隙振动效应较强烈的方向为与裂隙呈 90°和 0°的两个方向，距侧墙底部 1 m 位置的质点振动合成速度为 0.33 cm/s，由于沿轨道方向和垂直轨道方向的两个水平振动速度相等，因此可以计算得到合速度与裂缝的夹角为 45°，即可以认为外部载荷与既有裂缝的夹角为 45°。

表 5-5 距侧墙底部 1 m 位置振动观测数据

测点	振源距/m	沿轨道方向水平峰值振速/(cm·s^{-1})	主振频率/Hz	垂直轨道方向水平峰值振速/(cm·s^{-1})	主振频率/Hz	竖直方向峰值振速/(cm·s^{-1})	主振频率/Hz
2号	2	0.051	121.1	0.065	93.7	0.052	78.1
		0.144	113.3	0.174	117.2	0.076	74.2
		0.177	105.5	0.209	89.8	0.106	89.8
		0.187	132.8	0.213	70.3	0.107	74.2
		0.173	109.4	0.223	109.4	0.106	109.4
		0.236	**136.7**	**0.236**	**70.3**	**0.154**	**70.3**
		0.166	109.4	0.183	109.4	0.076	113.3
		0.085	128.9	0.089	128.9	0.080	128.9
		0.048	132.8	0.052	132.8	0.055	101.6

根据表中数据，同一质点不同时刻的振动合速度与裂隙的夹角可以根据数据计算获得，具体角度如表 5-6 所示。

表 5-6　合速度与裂隙夹角计算值

测点	振源距 /m	沿轨道方向水平峰值振速/($cm \cdot s^{-1}$)	垂直轨道方向水平峰值振速/($cm \cdot s^{-1}$)	合速度 /($cm \cdot s^{-1}$)	夹角 /(°)
2号	1	0.051	0.065	0.083	52
		0.144	0.174	0.226	50
		0.177	0.209	0.274	50
		0.187	0.213	0.283	49
		0.173	0.223	0.282	52
		0.236	**0.236**	**0.334**	**45**
		0.166	0.183	0.247	48
		0.085	0.089	0.123	46
		0.048	0.052	0.071	47

由表中数据可以看出，位于隧道侧墙 1 m 高位置的结构振动载荷与既有裂缝的夹角为 45°~52°。监测过程中，其中最大一次振动响应时载荷与裂缝的夹角为 45°，根据力学实验和模拟计算结果评价，位于侧墙 1 m 处的结构裂缝振动响应较为剧烈，存在起裂及扩展的风险。

距侧墙底部 3 m 位置振动观测数据如表 5-7 所示，同样以侧墙为平面对振动载荷方向进行简化研究。

表 5-7　侧墙底部 3 m 位置振动观测数据

测点	振源距 /m	沿轨道方向水平峰值振速 /($cm \cdot s^{-1}$)	主振频率 /Hz	垂直轨道方向水平峰值振速 /($cm \cdot s^{-1}$)	主振频率 /Hz	竖直方向峰值振速 /($cm \cdot s^{-1}$)	主振频率 /Hz
3号	3	0.103	144.5	0.065	144.5	0.073	148.4
		0.156	140.6	0.121	140.6	0.102	50.8
		0.194	136.7	0.127	136.7	0.141	46.9
		0.196	136.7	0.114	136.7	0.177	136.7
		0.200	**140.6**	**0.139**	**136.7**	**0.151**	**66.4**
		0.197	125.0	0.124	140.6	0.131	85.9
		0.146	144.5	0.102	54.7	0.099	78.1
		0.107	144.5	0.054	144.5	0.072	78.1

利用沿轨道方向和垂直轨道方向的水平速度计算得到平面内的合速度，合速度大小和方向如表 5-8 所示。

表 5-8 合速度与裂隙夹角计算值

测点	振源距/m	沿轨道方向水平峰值振速/(cm·s^{-1})	垂直轨道方向水平峰值振速/(cm·s^{-1})	合速度/(cm·s^{-1})	夹角/(°)
3 号	3	0.103	0.065	0.122	32
		0.156	0.121	0.197	38
		0.194	0.127	0.232	33
		0.196	0.114	0.227	30
		0.200	**0.139**	**0.244**	**35**
		0.197	0.124	0.233	32
		0.146	0.102	0.178	35
		0.107	0.054	0.120	27

上表中数据可以分析得到，位于隧道衬砌 2 m 位置的结构振动载荷与既有裂缝的夹角集中在 27°~38°，监测过程中，其中最大一次振动响应时载荷与裂缝的夹角为 35°，根据力学实验和模拟计算结果评价，位于侧墙 2 m 处的结构裂缝振动响应剧烈程度减弱，裂隙起裂及扩展的风险相对降低。

距侧墙底部 4 m 位置振动观测数据如表 5-9 所示，同样以侧墙为平面对振动载荷方向进行简化研究。

表 5-9 隧道顶部振动观测数据

测点	振源距/m	沿轨道方向水平峰值振速/(cm·s^{-1})	主振频率/Hz	垂直轨道方向水平峰值振速/(cm·s^{-1})	主振频率/Hz	竖直方向峰值振速/(cm·s^{-1})	主振频率/Hz
4 号	5	0.055	89.8	0.052	89.8	0.046	89.8
		0.081	89.8	0.055	54.7	0.070	54.7
		0.101	66.4	0.066	54.7	0.079	74.2
		0.116	**66.4**	**0.076**	**50.8**	**0.083**	**50.8**
		0.103	66.4	0.080	50.8	0.070	50.8
		0.092	66.4	0.074	66.4	0.084	66.4
		0.081	89.8	0.045	50.8	0.059	82.0

同样利用沿轨道方向和垂直轨道方向的水平速度计算得到平面内的合速度，合速度大小和方向如表 5-10 所示。

表 5-10　合速度与裂隙夹角计算值

测点	振源距/m	沿轨道方向水平峰值振速/($cm \cdot s^{-1}$)	垂直轨道方向水平峰值振速/($cm \cdot s^{-1}$)	合速度/($cm \cdot s^{-1}$)	夹角/(°)
4号	5	0.055	0.052	0.076	43
		0.081	0.055	0.098	34
		0.101	0.066	0.121	33
		0.116	**0.076**	**0.139**	**33**
		0.103	0.08	0.130	38
		0.092	0.074	0.118	39
		0.081	0.045	0.093	29

表 5-10 中数据可以分析得到，位于隧道衬砌 4 m 位置的结构振动载荷与既有裂缝的夹角集中在 29°~39°，监测过程中，其中最大一次振动响应时载荷与裂缝的夹角为 33°，根据力学实验和模拟计算结果评价，位于侧墙 4 m 处的结构裂缝振动响应剧烈相对程度减弱，裂隙起裂及扩展的风险也相对降低。

根据以上 2 号、3 号和 4 号测点的振动数据分析结果，裂缝位于侧墙 1 m 左右高度时，振动载荷与裂缝之间的夹角基本呈 45°~55°之间，而裂缝位于更高位置时，振动载荷与裂缝之间的夹角减小，均没有超过 40°，依据理论计算结果，裂隙夹角在 45°~60°时，裂隙在冲击载荷作用下，抗拉强度最低，最容易发生起裂破坏，而位于高处的裂缝在冲击振动作用下表现出的抗拉强度更高，裂隙起裂破坏的风险相对较低。

综上所述，实验段裂缝既有贯通裂缝也有长度 2~5 m 的裂缝，对于贯通裂缝按照北京地铁运营公司的《工务维修》进行及时修补并进行定期观测，对于位于侧壁地处的一定长度裂缝，其振动效应较为明显，动态抗拉强度较低，容易发生起裂破坏并进一步扩展；位于侧墙 2 m 及以上位置的一定长度的裂缝，其表现出更高抗拉强度特性，抵抗冲击载荷能力较强，不容易发生起裂破坏。因此对于位于侧墙低处的裂缝应及时关注并进行裂缝修补，加强监测；对于高处裂缝进行定期监测即可，观测其变化。

6 结论与建议

6.1 结　　论

本项目围绕地铁振动载荷下隧道衬砌裂缝破裂问题，以北京地铁 9 号线结构病害检测项目为依托，首先利用 iSensor 一体化无线振动测试仪对隧道衬砌结构振动信号进行实时采集，获取衬砌结构质点振动速度与频率值。基于振动监测数据及裂缝产状信息，预制含裂缝的混凝土试件，并借助霍普金森压杆实验系统和高速摄像系统开展含裂缝混凝土的动态压缩实验。通过数值模拟方法探明振动载荷作用下衬砌裂缝破裂机理，揭示振动载荷作用下混凝土裂缝起裂-扩展的时空演化规律，并对北京地铁 9 号线实验段内裂缝风险进行评价及提出相应监测、防护建议，研究取得了以下主要结论：

（1）实验区段长度 710 m，共采集结构裂缝 436 条，其中贯穿至结构顶部或全断面环向裂缝 69 条，其余均为局部横向裂缝，无纵向裂缝，其中横向裂缝与隧道轴向夹角均小于 10°。大部分既有裂缝均由一条主裂缝构成，少量存在支裂缝。裂缝整体与隧道走向垂直，整体呈现同一方向上的破裂。

（2）利用 iSensor 一体化无线振动测试仪对隧道衬砌结构振动信号进行实时采集，获取衬砌结构质点振动速度与频率值。监测数据分析结果显示，地铁振动引发的结构振动主频集中在 50~200 Hz，衬砌结构振动响应随振源距增加呈幂函数衰减的变化规律。采用幂函数形式更为符合实际，更有效、准确反映振动响应强度，实验区域内结构振动预测模型为：$v=(0.31\sim0.46)\cdot r^{-1.03\sim-0.63}$。

（3）预制含裂缝的混凝土试件，并借助霍普金森压杆实验系统和高速摄像系统开展含裂缝混凝土的动态压缩实验。冲击荷载下新形成的裂纹整体上均沿着预制裂隙尖端起裂、扩展和贯通，破坏模式主要为张拉破坏；试件在冲击荷载作用下的破坏形式与预制裂隙长度密切相关，预制裂隙越长，冲击载荷作用下形成新裂纹的数量相对少且集中，更容易沿端部发生起裂破坏；当预制裂隙倾角为 45°~60°时，试件更容易发生起裂破坏。

（4）当裂隙倾角为 90°时，无论裂隙长度和宽度，冲击载荷作用下试件破裂裂纹为两组，一组沿裂隙方向，另一组垂直于裂隙，破裂形式较为单一。裂隙长度对破裂后的完整度有一定影响，预制裂隙越长，破裂后的块体越规整，次生的微小裂纹少。两组裂纹的主控作用明显。当裂隙倾角为0°时，起裂裂纹沿载荷方向和预制裂隙端部形成，长度对破裂形态基本无影响，反而裂隙宽度对破裂裂纹的形态有较大影响，宽度增加致使破裂裂纹形态发生变化，宽度越大破裂越强烈。

（5）当裂隙倾角为30°、45°和60°时，试件的破裂形式类似，均产生两组破裂裂纹，第一组沿裂隙端部和载荷连线方向，第二组沿裂隙方向。裂隙宽度对破裂形态影响并不明显，裂隙长度越长破裂形成的块体更为完整，没有出现大量粉末式破坏，破裂裂纹更为清晰可辨。

（6）含裂隙试件强度明显低于完整试件，模拟实验获得的力学指标变化规律与理论计算和室内实验匹配性良好，在裂隙倾角45°~60°的时候抗拉强度达到最低，倾角为90°时，力学指标最优。模拟冲击载荷下的裂隙起裂-扩展-破裂模式与实验结果基本吻合，由此证明了最大畸变能准则能够较准确的描述冲击载荷作用下的裂隙破裂特征。

（7）实验段裂缝既有贯通裂缝也有长度2~5 m的裂缝，对于贯通裂缝按照北京地铁运营公司的《工务维修》进行及时修补并进行定期观测，对于位于侧壁处的一定长度裂缝，其振动效应较为明显，动态抗拉强度较低，容易发生起裂破坏并进一步扩展；位于侧墙2 m及以上位置的一定长度的裂缝，其表现出更高抗拉强度特性，抵抗冲击载荷能力较强，不容易发生起裂破坏。因此对于位于侧墙低处的裂缝应及时关注并进行裂缝修补，加强监测；对于高处裂缝进行定期监测即可。

6.2　建　　议

地铁振动载荷作用下衬砌结构裂隙的起裂破坏是隧道结构稳定性研究的重要目标，本项目围绕振动载荷作用下混凝土裂缝起裂-扩展问题进行研究，取得一定成果，但仍存在以下问题有待未来深入研究：

（1）裂隙试样的破裂特征及起裂机理实验研究中，实验样品数量有限，未来需要进行重复性实验。

（2）本项目基于畸变能理论建立了冲击载荷作用下的裂隙起裂判定准则，研究了起裂裂纹的起裂角和抗拉强度变化规律，但真实力学环境更加复杂，未来应该开展考虑围压的冲击实验。

（3）现场裂隙危险性评价针对实验段内典型测点进行，后期有待提出更广泛、更详细的定性或定量评价体系。

参 考 文 献

[1] Lisjak A, Kaifosh P, He L, et al. A 2D, fully-coupled, hydro-mechanical, FDEM formulation for modelling fracturing processes in discontinuous, porous rock masses [J]. Computers and Geotechnics, 2017, 811-818.

[2] Mahabadi K O, Grasselli G, Munjiza A. Y-GUI: A graphical user interface and pre-processor for the combined finite-discrete element code, Y2D, incorporating material heterogeneity [J]. Computers & geosciences, 2010, 36 (2): 241-252.

[3] Nguyen P V, Lian H, Rabczuk T, et al. Modelling hydraulic fractures in porous media using flow cohesive interface elements [J]. Engineering Geology, 2017, 225: 68-82.

[4] Cai M. Fracture Initiation and Propagation in a Brazilian Disc with a Plane Interface: a Numerical Study [J]. Rock Mechanics and Rock Engineering, 2013, 46 (2): 289-302.

[5] Xi X, Yang S. Time to surface cracking and crack width of reinforced concrete structures under corrosion of multiple rebars [J]. Construction and Building Materials, 2017, 155: 114-125.

[6] Ren W, Yang Z, Sharma R, et al. Two-dimensional X-ray CT image based meso-scale fracture modelling of concrete [J]. Engineering Fracture Mechanics, 2015, 133: 24-39.

[7] Gui Y, Bui H, Kodikara J. An application of a cohesive fracture model combining compression, tension and shear in soft rocks [J]. Computers and Geotechnics, 2015, 66: 142-157.

[8] Zhou W, Yuan W, Ma G, et al. Combined finite-discrete element method modeling of rockslides [J]. Engineering Computations, 2016, 33 (5): 1530-1559.

[9] Sagong M, Bobet A. Coalescence of multiple flaws in a rock-model material in uniaxial compression [J]. International Journal of Rock Mechanics and Mining Sciences, 2002, 39 (2): 229-241.

[10] Bobet A. The initiation of secondary cracks in compression [J]. Engineering Fracture Mechanics, 2000, 66 (2): 187-219.

[11] 钟志彬. 裂隙性岩石力学特性及裂隙性围岩破裂机理研究 [D]. 西安: 西南交通大学, 2017.

[12] 张志镇. 岩石变形破坏过程中的能量演化机制 [D]. 北京: 中国矿业大学, 2013.

[13] 赵诒枢. 复合型裂纹扩展的应变能准则 [J]. 固体力学学报, 1987, 19 (1): 65-69.

[14] 蒋玉川, 王启智. 复合型裂纹扩展的形状改变比能准则 [J]. 四川大学学报 (工程科学版), 2004, 36 (3): 20-23.

[15] 蒋玉川, 胡兴福. 复合型裂纹扩展的最大塑性区尺度准则 [J]. 四川大学学报 (工程科学版), 2005, 37 (4): 11-14.

[16] 车法星, 黎立云, 刘大安. 类岩材料多裂纹体断裂破坏试验及有限元分析 [J]. 岩石力学与工程学报, 2000, 19 (3): 295-298.

[17] 黄凯珠, 林鹏, 唐春安, 等. 双轴加载下断续预置裂纹贯通机制的研究 [J]. 岩石力学

与工程学报，2002，21（6）：808-816.

[18] Yang Z Y，Chen J M，Huang T H. Effect of joint sets on the strength and deformation of rock mass models [J]. International Journal of Rock Mechanics and Mining Sciences，1998，35（1）：75-84.

[19] Chen X，Liao Z，Peng X. Deformability characteristics of jointed rock masses under uniaxial compression [J]. International Journal of Mining Science and Technology，2012，22（2）：213-221.

[20] 陈新，廖志红，李德建．节理倾角及连通率对岩体强度变形影响的单轴压缩试验研究 [J]．岩石力学与工程学报，2011，30（4）：781-789.

[21] 熊心广，曹平，曹日红．非贯通遍布节理类岩材料单轴压缩破碎的分形分析 [J]．世界科技研究与发展，2016，38（5）：1017-1023.

[22] 蒲成志，曹平，赵延林，等．单轴压缩下多裂隙类岩石材料强度试验与数值分析 [J]．岩土力学，2010，31（11）：3661-3666.

[23] 苏海健，靖洪文，赵洪辉，等．平行裂隙群岩体强度与破裂特征的试验研究 [J]．工程力学，2015，32（5）：192-197.

[24] Cai M，Kaiser P，Tasaka Y，et al. Generalized crack initiation and crack damage stress thresholds of brittle rock masses near underground excavations [J]. International Journal of Rock Mechanics and Mining Sciences，2004，41（5）：833-847.

[25] 沃尔科夫．强度统计理论 [M]．吴学蔺，译．北京：科学出版社，1965.

[26] 皮萨林科，列别捷夫．复杂应力状态下的材料变形与强度 [M]．江明行，译．北京：科学出版社，1983.

[27] 唐春安，徐小荷．岩石全应力-应变过程的统计损伤理论分析 [J]．东北工学院学报，1987，33（2）：191-195.

[28] 唐春安．岩石破裂过程的灾变 [M]．北京：煤炭工业出版社，1993.

[29] 曹文贵，赵衡，李翔，等．基于残余强度变形阶段特征的岩石变形全过程统计损伤模拟方法 [J]．土木工程学报，2012，45（6）：139-145.

[30] 曹文贵，赵衡，张玲，等．考虑损伤阀值影响的岩石损伤统计软化本构模型及其参数确定方法 [J]．岩石力学与工程学报，2008，27（6）：1148-1154.

[31] 曹文贵，赵明华，唐学．岩石破裂过程的统计损伤模拟研究 [J]．岩土工程学报，2003，25（2）：184-187.

[32] 曹文贵，李翔．岩石损伤软化统计本构模型及参数确定方法的新探讨 [J]．岩土力学，2008，30（11）：2952-2956.

[33] 曹文贵，方祖烈，唐学军．岩石损伤软化统计本构模型之研究 [J]．岩石力学与工程学报，1988，17（6）：628-633.

[34] 曹文贵，赵明华，刘成学．岩石损伤统计强度理论研究 [J]．岩土工程学报，2004，26（6）：820-823.

[35] 曹文贵，赵衡，张玲，等．恒应变率下的岩石三轴动态变形过程模拟方法［J］．岩土工程学报，2010，32（11）：1658-1664.

[36] 曹文贵，赵明华，刘成学．基于 Weibull 分布的岩石损伤软化模型及其修正方法研究［J］．岩石力学与工程学报，2004，23（19）：3226-3231.

[37] Kawamoto T, Ichikawa Y, Kyoya T. Deformation and fracturing behavior of discontinuous rock mass and damage mechanics theory [J]. International Journal of Numerical Analysis Method in Geomechanics, 1988, 12: 1-30.

[38] Waloddi W. A statistical distribution function of wide applicability [J]. J. Appl. Mech, 1951, 18 (3): 293-297.

[39] 单仁亮，薛友松，倩张．岩石动态破坏的时效损伤本构模型［J］．岩石力学与工程学报，2003，22（11）：1771-1776.

[40] 夏才初，孙宗颀．工程岩体节理力学［M］．上海：同济大学出版社，2002.

[41] 孙广忠．岩体结构力学［M］．北京：科学出版社，1998.

[42] Erdogan F, Sih G C. On the crack extension in plates under plane loading and transverse shear [J]. J. Basic Eng., 1963, 85: 519-527.

[43] Finnite I, Saith A. A note on the angled crack problem and the directional stability of cracks [J]. International Journal of Fracture, 1974, 9: 484-486.

[44] Husseini M I, Jovanovich D B, Randall M J, et al. The fracture energy of earthquakes [J]. Geophysical Journal of the Royal Astronomical Society, 1975, 43: 367-385.

[45] Palaniswamy K, Knauss W G. On the problem of crack extension in brittle solids under general loading [M]. New York: Pergamon Press Inc., 1978.

[46] 李世愚，和泰名，尹祥础．岩石断裂力学导轮［M］．合肥：中国科学技术大学出版社，2010.

[47] Sih G C. Mechanics of Fracture [M]. Leyden, Holland: Noordhoff International Publishing, 1973.

[48] 林拜松．滑开型断裂的复合型脆断判据［J］．应用数学和力学，1985，6（11）：977-983.

[49] 蒋玉川，王启智．形状改变比能密度因子断裂准则［J］．工程力学，2005，22（5）：31-35.

[50] Barenblatt G I. Mathematical theory of equilibrium cracks in brittle fracture [J]. Adv. Appl. Mech., 1962, 7: 55.

[51] Brace W F. A note on brittle crack growth in compression [J]. J. Geophys. Res., 1963, 68: 3709-3713.

[52] Fairhurst C, Cook N G W. The phenomenon of rock splitting parallel to a free surface under compressive stress [C]. Lisbon: Proc. First Congress International Society of Rock Mechanics, 1966, 1: 687-692.

[53] Hoek E, Bieniawski Z T. Brittle fracture propagation in rock under compression [J].

International Journal of Fracture, 1965, 1: 137-155.

[54] ISRM. Suggested methods for determining tensile strength of rock material [J]. Int. J. Rock Mech. Min. Sci. and Geomech. Abste., 1978, 15 (1): 99-103.

[55] Kuksenko V, Tomilin N. A two stage model of fracture of rocks [J]. Pure and Applied Geophysics, 1996, 146 (2): 253-263.

[56] Segall P, Pollard D D. Mechanics of discontinuous faults [J]. Geophys. Res., 1980, 85 (B8): 4337-4350.

[57] Zhurkov S N. Kinetic concept of the strength of solids [J]. International Journal of Fracture, 1965, 1: 311-323.

[58] Zhurkov S N. Principles of the kinetic approach of fracture prediction [J]. Theor. Appl. Frac. Mech., 1984, 1: 271-274.